여정 旅情

이근자 수필집

교음사

책을 내며

늦은 나이에 은퇴하고 그이와 여행 하면서 즐기려 했는데 생각지 않게 그이가 먼 데로 가게 되어 황당했다. 그런 나에게 아이들이 엄마 마음을 조금이라도 위로해 주려고 여행을 같이 다녔지만, 마음 한구석은 항상 허전하고 안정된 생활이 아니었다.

그러다 캄캄한 터널에서 떠오르는 말이 들리는 듯했다. 그이 형제 같은 친구 장인순 박사님이 나에게 글을 써보라는 말이 떠올라 떨리는 마음으로 수필 수업을 등록했다. 수업하면서 부족하지만, 자연스레 등단하게 되었고, 같은 층에 있는 연필스케치, 펜화, 색연필스케치도 미술 선생님께 배우게 되어 시간 가는 줄 모르고 재미있게 그렸다. 3년 후 갑자기 수필 교수님의 건강상 문제로 폐강이 되었다. 그만두기에는 아쉬워서 수필 수업을 찾다가 K대 평생교육원 수필 수업을 듣게 되었다.

다양한 체험과 생활 속의 생활을 쓰다 보니 답답한 마음도 치유되는 것 같았다. 글마다 교수님이 깊이 들여다보시고 이끌어 주셨기에 출판하게 되었다.

오경자 교수님, 진심으로 감사드립니다. 같이 하는 글 벗님 고맙습니다.
수필집 책 출간을 도와준 월간 『수필문학』 강병욱 대표님과 류진 편집장님 감사드립니다.
글감을 안겨주고 도움을 주는 세 남매, 가족이 되어준 두 사위, 며느리, 그리고 손자 손녀들 언제나 고맙고 모두 사랑합니다.

2025. 4. 이근자

차례

▸ 책을 내며

1. 꿈을 이루었는지

그이를 만나러 가다 … 16
사돈 친구 … 22
꿈을 이루었는지 … 28
초임 첫날 … 34
기차를 타고 … 39
모레인 호수 … 45
버뮤다 섬나라 … 51
그리워하며 … 58
아들이 옳았어 … 63
겨울바다 … 69

2. 음악과 청춘

대나무숲 … 78

딸의 딸 … 83

삶 … 89

아빠에게 상을 … 93

어린 꾸러기 … 99

회혼례 … 103

음악과 청춘 … 109

한 가족 … 114

봄 향기 … 120

잠재력 … 125

3. 나의 친구

아빠의 뒷모습 … 130

보이지 않는 길 … 135

탈상(脫喪) … 140

교육원에서 … 145

증조할아버지 오셨다 … 150

교육청 여직원 … 155

나의 친구 … 161

뉴스 보도 아쉬움 … 167

회상 … 172

뭐가 마음에 안 드는데 … 177

4. 차와 함께하는 날

두 부자 ··· 184

친정어머니 ··· 190

고마운 마음 ··· 195

삼 남매에게 박수를 ··· 200

푼타카나 ··· 205

차와 함께 하는 날 ··· 211

동화마을 ··· 217

여정 ··· 223

둘만의 시간 ··· 228

세 사돈 ··· 235

마음 가는 대로 이루어지기를 ··· 240

이근자의 수필세계 / 오경자(문학평론가) ··· 244

딸, 연수의 편지 ··· 260

1
꿈을 이루었는지

그이를 만나러 가다

뉴욕에 가면서 그이한테 다녀왔는데 귀국 후 시차 적응하고 나니 자랑도 하고 또 그이를 약 올려 주고 싶었다. 미국 손녀가 다니는 보딩스쿨학교에서 조부의 날에 초대받아 교문에 들어가는 순간 손녀 학교 규모에 놀라웠다. 좋아서 함박웃음 짓는 친할아버지를 보면서 그이 생각이 많이 났다. 와서 보았으면 참 좋아했을 텐데 아쉬움이 나의 가슴을 아프게 했다. 첫 손녀라 유난히 예뻐했다. 조금만 참고 견디었으면 좋았을 걸 나아지는 과정인데 굴복을 당하고 살기를 포기했으니, 누가 뭐라 할 수도 없다. 그저 허망하고 어이없을 뿐…. 그런 그이에게 크루즈여행이 정말 좋았고 즐겁게 잘 다녀왔다고 자랑하고 싶었다.

운전을 안 하게 되어 혼자 갈 수는 없고, 갈 때마다 둘째 딸하고 갔는데 결혼하고 나서는 가자는 말이 잘 안 나온다.

결혼 후 평일 수업이 없는 날 다녀오면 좋은데 사위가 같이 가고 싶어 해서 바람도 쐴 겸 휴일에 다녀오곤 했다. 피곤해하는 사위를 보니 가자는 말을 차마 못 하고 있는데 토요일 일찍 딸한테 전화가 왔다. "아빠 꿈을 꾸었는데 꿈속에서 배고프다고 하셔요. 아빠한테 가 봐야겠어요." 하는 딸 말을 듣고 웃음이 나왔다. "왜 웃어요." 한다. "시차 적응이 돼서 아빠한테 가고 싶었거든. 차마 너한테 가자는 말을 못 했는데 네가 꿈을 꾸었다니 우습잖아." 전화하면서 한참 웃었다. 일요일에 셋이 가기로 했다.

   토요일 오후에 시장을 간단히 보고 다음 날 일요일 10시경 사위와 셋이 출발했다. 서늘하면서 맑은 날씨에 나들이하기 딱 좋은 날이다. 주변에 초록빛으로 물들인 산을 보니 생동감이 있고 나에게 삶의 환희를 주는 듯하다. 일요일이고 더구나 날씨가 좋아서인지 성묘하러 오는 차들이 많다. 주차하고 위를 보니 계단 위로 산 위까지 아치형 장식에 빨강 넝쿨장미꽃이 예쁘게 피어있다. 한 송이 한 송이 모여서 꽃다발을 만들어 놓은 것처럼 화려한 장미꽃 속으로 한 발 한 발 계단을 올라갔다. 그리고 그이 곁으로 같다. 우리가 가는 날은 가까운 주변에 아무도 없었는데 오늘은 다른 팀도 성묘하러 왔다가 가는 길인지 우리와 똑같이 셋이 와서 일어서서 간다. 애들은 내려가고 아주머니만 다시 돌아와서 우리 옆 소나무 앞에 서서 한참 눈물을 훔치는데 젊은 분으로 보여서 안타까웠다. 시간이 흘러도 생각나는 건 당연하거늘! 우리가 좀 늦게 갔더라면 마음 놓고 울 수 있어서 시원할 텐데 미안한 마음이 들었다.

　그이한테 보고한 다음 음복을 했다. 몇 년이 흐르니 마음의 여유가 생겨 그이 앞에서 농담도 하게 되고 주절주절 말했다. 봄바람에 부대끼며 사각거리는 새파란 소나무 잎새들이 시원한 그늘로 햇볕을 가려준다. 한참 그이 흉을 보면서 이야기꽃을 피웠다. 그 주변 소나무보다 풍성하게 잘 자랐다고 사진을 찍어 뉴욕의 딸과 토론토 아들에게 보냈다. 시간이 지나서 요즘은 그이한테 포근한 마음으로 인사를 하는 마음의 여유가 생겼다. 하직 인사하고 편안한 마음으로 내려오면서 넝쿨장미꽃을 보고 다음에 오면 녹색 잎 새로 가득 채워 반겨 주리라고 생각하며 차에 올랐다. 딸이 산소에 오기 전 핸드폰으로 검색했더니 13분 거리에 핫한 찻집이 있다고 한다. 날씨도 좋으니 들르자면서 그쪽으로 방향을 바꾼다. 산길 모퉁이를 몇 번 돌더니 길가에 모를 심어 놓은 논두렁이 몇 개가 시야에 들어온다. 나도 모르게 모를 심어놨네! 얼마 안 된 어린모를 보니 농촌 태생이라 그런지 반가웠다. 그리고 가슴이 설레인다. 목적지인 모크슈라 프렌치 카페 맞은편에 저수지가 있다. 도착해서 보니 차들은 벌써 많이 주차되어 있다.

　4층 큰 건물이다. 크고 넓다. 파주에 1호점이 있고 여기가

2호점이라 한다. 작년에는 경주에서 동해 고속도로로 갔다. 동해를 바라보고 있는 크고 웅장한 찻집 앞에 정원이 펼쳐지는 곳을 보고 놀라웠다. 한적한데도 사람이 많았다. 여기도 크다고 놀라면서 2층 창가 자리를 겨우 잡고 밖을 바라보니 경치가 좋았다. 저수지와 반대쪽은 모심어놓은 논두렁이가 보여서 더 운치 있어 보였다.

  길가에나 언덕 위에 하얗게 개망초꽃이 예쁘게 피었다. 노란 꽃이 금가루를 뿌려놓은 것처럼 도롯가에 피어있다. 꽃 이름은 금계국이라 한다. 내가 살고 있는 공원에 금계국꽃이나 하얀 개망초꽃을 잡풀로 생각하고 공원을 정리하면서 깨끗하게 없애버렸다. 꽃을 볼 수 없다. 자연 그대로가 좋아서 낮에 산책을 즐겼는데 깨끗하게 정리를 해서 어찌나 서운한지! 다행히 야외로 나와서 꽃을 보고 마음껏 즐기니 서운한 마음이 좀 사라진다. 맑은 날씨에 길가 하얀 꽃 노란 꽃이 바람에 살랑거리니 더 아름다워 보인다.

  건너편에 놀이공원이 있는 곳으로 갔다.

파주 군청에서 운영한다는데 입장료와 주차비를 받고 있다. 규모도 볼 겸 들어가 보았다. 어린이들이 놀이기구를 타고 있다. 많이 노후화된 기구로 보였다. 저수지가 있어 놀이로 이용했는지 쉴 수 있는 의자가 있고 깨끗했다. 요트를 운영 안 한 지 오래되어 보인다. 전처럼 사람이 많이 오지 않아서인지 폐쇄된 공간이 몇 군데 눈에 뜨인다. 확실하게 글로 써서 붙여 놓았으면 좋았을 텐데 안내 없이 방치해서 어린이를 데리고 가서는 돌아오곤 한다. 정확한 안내를 아쉬워하면서 발길을 돌렸다.

 화창한 봄날에 애들과 그이를 만나고 봄을 즐기며 집으로 돌아오는 발걸음이 가볍다. 하루하루를 소중히 여기고 채우면서 다음에 그이를 또 만나러 가리라….

2024. 6. 2.

사돈 친구

일산에서 살고 있는 큰 형부를 뵈러 갔다. 언니 내외 동생 내외와 함께 2019년 6월 중순 일산에서 모였다. 혼자 생활하시는 큰 형부는 식사하면서 먼 데까지 와서 고맙다고 한다. 우리는 지나간 이야기를 나누며 즐거운 시간을 보냈다. 그 뒤 코로나로 모이지 못하고 더구나 큰언니가 옆에 있지 않으니 큰 형부는 힘들어 보였다. 나는 반찬을 만들어 잠깐 뵙고 온 후 1년이 지났다. 집안 행사가 있을 때 사돈 친구를 만나는데 코로나 이후 보지 못했다. 갈현동 언니 집에 있으면서 그 친구는 결혼을 했다. 지금도 갈현동에서 살고 있는 사돈 친구, 큰 형부 뵈러 가자고 전화를 했더니 반가워하며 좋아한다. 나도 갈현동에서 7년을 살면서 마을이 예뻐서 좋았다. 이사한 뒤 궁금해서 얼마나 변했는지 보고 싶어 갈현동으로 가기로 했다.

무악재 고개 지나 홍제동 길은 큰 변화 없이 옛 분위기 그대로다. 녹번동 삼거리에서 역촌동으로 접어들었다. 흐르는 하천은 덮개로 되어 여러 갈래로 되어있어서 당황스러웠다. 이정표를 보고 도착했다. 그리고 사돈 친구를 만났다.
　갈현동에서 일산으로 가는 길이 확장되어 넓은 도로다. 그 길로 가다 보면 '서오릉'이 있다. 서오릉을 보면서 "오랜만인데 들렀다 갔으면 좋겠다."고 말하자. 사돈 친구는 "보고 가지! 뭐가 어려워." 한다.
　'서오릉' 입구에 와 보니 감탄사가 저절로 나온다. 오래전에 왔을 때는 소나무가 자라지 않아서 능이 한눈에 보였다. 지금은 소나무 숲으로 쌓여있어 능이 잘 보이지 않았다. 한참 서서 보고 있는 우리에게 안내 창구에서 큰 소리로 표를 가지고 가세요, 한다. 표를 받아 들어가려는데 사람은 없고 철문에 표함만 덩그러니 매달려있다. 표를 상자에 넣고 안으로 들어갔다.
　평지에 큰 소나무 숲이 우거져있고 운동할 수 있게 지자체에서 둘레 길을 만들어 놓았다. 전에 왔을 때는 평지에 소나무도 없었는데 그 뒤 소나무를 심어서 자랐는지 큰 소나무들이 많다. 운동기구가 군데군데 구비되어 있어서 편리해 보였다. 그 길을 우리도 걸었다. 그런데 반대쪽에서 두 부부가 겸연쩍게 웃으며 다가온다. 사돈 친구와 인사하고 몇 마디 주고받으며 지나간 뒤 나는 사돈 친구에게 물었다. "누

구야? 기분 나쁘게 웃으며 가네."

"우리 집 다세대 주택 2층에 사는 분들이 운동하러 왔대."

"저 사람들은 우리가 이상하게 보이나 봐?"

"이상하게 보긴."

"집사람한테 나 만난다고 이야기했지!"

"그럼 했지. 만나서 작은삼촌한테 간다고 했어. 우리가 몇십 년이 지났는데 새삼스럽게." 사돈 친구는 어이없다는 듯 웃고 있다.

사돈 친구는 중학교 동기다. 그때는 남자 반 여자 반 운동장도 따로 쓰면서 애국 조회만 합류했었다. 사돈 친구가 같은 학교 동기인 줄도 몰랐다. 그때는 사돈끼리 인사를 하지도 않고 모르고 지냈으니!

고등학교 시험 보러 서울 큰언니 집에 나는 먼저 도착했다. 그다음 날 남학생이 집에 들어왔다. 방에 앉아 있는 그 학생을 가리키며 시댁 둘째 남자 조카라고 언니가 말씀하셨다. 그때 남학생과 나는 처음 만났다.

우리는 사돈 관계지만 고등학교, 대학 졸업까지 한집에서 생활했다. 서로 어렵고 힘들 때 도와주기도 하고 의견이 맞지 않아 싸우기도 하면서 친구가 되었다.

55년 무렵부터 서울시청에 근무하신 형부 집은 방이 몇 개 있어서 허가 없는 여관 같았다. 시골 친척 되는 사람들은 언니 집에서 머물다 직업이 결정되면 그때야 짐을 옮긴다.

언니 집에 정류소처럼 들락거렸다. 지금 생각하면 옛날에 많은 사람이 집에 머물 수 있었는지, 대단하신 내외분이다.

자녀를 낳아 기르면서 형부 내외분이 대단하고 고맙다고 생각하면서도 내 자녀교육과 직장 생활하느라 바쁘게 생활할 때, 큰언니는 지병으로(74세) 저세상으로 가셨다. 몸 관리 안 하신 큰언니한테 관리하셨으면 했지만 많은 세월을 희생하며 사셨기에 스스로 몸을 돌보지 못하셔서 속상하고 화도 났다. 주변 사람한테 베풀면서 자신한테는 인색한 언니를 생각하면 아쉽고 그리움만 남아 가슴이 아린다.

정년퇴임 하신 큰 형부는 재혼하지 않기로 언니와 약속했다면서 78세에 홀로 되어 지금 92세인데도 건강하게 자녀 아파트 옆 동에서 잘 살고 계신다.

코로나로 한참 뵙지 못했다. 사돈 친구한테 두 번 접종했으니 더 늦기 전에 형부를 찾아뵙자고 했다. 사돈 친구 하는 말이 "나는 삼촌이 아직도 어려워서 전화도 잘 안 하게 되는데, 연락을 주어서 고마워." 몇 번을 이야기한다.

우리는 둘레 길을 걷고 의자에 잠깐 앉았다. 능을 바라보며 잊고 있었던 역사에 대해 기억을 더듬으며 능 앞에서 글을 읽고 서로 보며 겸연쩍게 웃었다.

지난 학창 시절을 이야기하며 소나무 숲을 한참 걷다 보니 머리가 맑아지고 상쾌한 기분으로 능에서 나왔다. 바로 길옆에 과수원이 있다. 탐스럽게 보이는 사과가 빨갛게 익어 먹음직스럽게 주렁주렁 달려있다. 그냥 지나가려다 판매하려나 싶어 과수원으로 들어갔다. 과수원 아저씨는 우리를 보자 대뜸 "아직 덜 익었어요. 좀 더 익어야 해요."라고 퉁명스럽게 말을 한다. "아 그래요." 하면서 우리는 일산 백마마을 형부 집으로 길을 재촉한다. 지그시 쳐다보는 사돈 친구의 이마에도 주름이 깊다.

2021. 8. 26.

꿈을 이루었는지

있어 보이는 할머니! 보기와 다르게 말을 귀에 거슬리게 한다. 결국 손자 이야기하면서 서론이 너무 길다. 손자를 귀여워했더니 버릇이 없다는 말을 거창하게 말하는 할머니, 피아노 배우고 싶다고 해서 데리고 온 할머니의 모습에서 손자 버릇을 읽을 수 있었다. 손자 이야기하면서 장군이었던 할아버지 이야기를 꼭 해야 했는지! 나는 심술이 발동해서 가까운 집안에 합창 의장으로 계신 분이 있다고 성함을 말했다. 할머니는 움찔한다. 말을 하고서 웃음이 나왔다. 결국 나도 똑같은 사람이 되었다. 할머니 옆에서 어두운 얼굴로 말 한마디도 못 하고 앉아 있는 엄마의 얼굴을 보니 안쓰러웠다. 교육은 엄마가 참여해야 하는데 아들에 대해 한마디도 못 하고 할머니 마음대로 하고 있다. 학생을 보니 똑똑하게 보이는데 가만히 있지 못하고 휘젓고 다닌다.

교육은 엄마한테 맡겼으면 좋겠다고 말했다. 불쾌하다는 할머니 표정, 모른 척하고 조부모님과 같이 사는 어린이는 예의가 바른데 이 학생은 버릇이 없는데요. 기본자세부터 고쳐야겠네요. 그리고 엄마하고 교류하며 버릇을 고칠 수 있지만 할머님이 관여하시면 고치기 어렵다고 솔직히 말했다.

보통 할머니와 같이 자란 어린이는 인사성이나 예의가 바른데 ○○이는 귀엽고 잘생기고 예쁘지만, 눈동자가 산만하다. 누구 말도 잘 듣지 않은 안하무인 어린이라고…. 민망해하며 얼굴이 일그러진 할머니, 화를 내고 나갈 줄 알았는데 알겠노라 하며 부탁한다고 하고 나갔다. 그 뒤 무슨 일이 있으면 엄마가 나에게 달려왔다.

초등학교 입학하기 전에 습관과 버릇을 고쳐야 학교생활을 별 탈 없이 지낼 텐데. ○○이는 자기 행동에 대해 전혀 모르고 있다. 말하는 버릇과 행동을 보여 주고 반복을 몇 번 하고 나면 조금씩 달라진 모습이 보인다.

초등학교 입학 후 엄마가 사색이 되어 나를 찾아왔다. 운동장에서 수업하는데 학생 버릇을 나에게 자세히 말해주며 어떡하면 좋으냐고 한다.

집에서나 밖에서나 관심 받으려고 행동하는 학생, 스스로 최고라고 여기는데 학교에서는 알아봐 주지 않으니까 이상한 행동을 하고 이목을 끌려고 한다.

학교에 가서 본 것처럼 어린이 행동을 그대로 보여주었다.

스스로 깨달을 수 있게 시간을 주었더니 애들을 괴롭히지 않고 운동장 수업을 한 달 하는 동안 별 탈 없이 교실로 들어갔다. 교실 수업 며칠 후에 또 엄마가 왔다. 교실에서 또 말썽을 부려서 책가방 들고 집으로 쫓겨 왔다고 한다. 이유를 물어보니 책상 위로 걸어 다니고 담임선생님 말을 듣지 않아서였다. 단순한 학생이기 때문에 담임선생님이 일대일로 조금만 신경 쓰면 고칠 수 있는 학생인데, 안타까웠다.

이제는 잘못을 알면서 모르는 척한다. 단순한 학생을 초기에 고치면 바른 학생이 되지만 늦어지면 문제아가 된다. 학생 눈을 똑바로 마주 보고 말을 한다. 학교 책상 위로 걸어 다니던데 집에서 신발 신고 식탁 위에 올라가세요? 책상 위나 식탁 위나 똑같아요. 생각할 시간을 줄 테니 생각해 봐요. 또 학교에서 쫓겨나 집에 오면 엄마는 어떤 마음일까? 아빠 없이 할아버지 할머니 시중들며 살림까지 하는데, 아빠 대신 광덕이가 엄마 마음을 알아주어야지! 말이 끝나자 어린이 표정이 지금도 내 머릿속에 맴돈다. 어리지만 엄마 마음을 알고 있다. 감정 조절이 안 되어 산만했다. 참 신경 쓰이고 마음이 아팠던 학생이었다. 어른스러워진 광덕 학생, 2학년 여름방학이 되어 엄마와 광덕이가 아빠한테 가서 한 달 동안 같이 지내기로 했다면서 기뻐하던 엄마와 아들! 젊은 엄마가 내 자녀처럼 느껴졌다.

좋아하며 대만에 갔던 광덕이는 일주일 만에 한국에 돌아왔다. 아빠는 유학을 갔는데 알바로 가이드를 하고 있었고, 며칠 구경을 시켜준 다음 시간이 없으니 이제 광덕이 데리고 들어가라고 해서 돌아왔다고 한다. 그 짧은 시간인데도 행복해하며 얼굴이 좋아 보였다. 이야기를 들으면서 느낌이 이상했다. 아니나 다를까 8월 말경 광덕이 엄마는 내게 와서 남편이 여자가 있어요, 같이 가이드 하는 여자인데 그 여자가 교통사고 나서 대만에서 치료를 못 하고 한국 대학병원에 입원하려고 남편과 같이 귀국했어요, 한다. 너무 억울하다고 눈물을 흘리며 까다로운 시부모 모시고 힘들게 살았는데 그럴 수 있느냐고 펑펑 울고 있다. 이럴 때 무슨 말을 해야 할지 한 대 얻어맞은 것처럼 멍했다. 그 남편의 행동에 화가 치밀어 올랐지만 남의 가정사라 해 줄 말을 찾지 못하고 위로만 몇 마디만 했을 뿐.

그 후 아들 데리고 친정집에 있기로 했다면서 인사하러 왔었다. 그 엄마의 뒷모습을 보니 너무 안쓰러웠다. 장군의 아들이라고 큰소리치는 시어머니 밑에서 독한 시집살이를 했다는데.

5세 되던 해 들어와서 엄마와 4년여 동안 의논하고 광덕이 버릇을 고치며 정이 들었다. 그때 광덕이 꿈은 검사였다. '너는 할 수 있어'라는 말을 가끔 해 주었는데 그 꿈을 향해 가고 있는지! 뉴스에 검사 이야기가 나오면 귀를 쫑긋하며 혹시나 하고 귀가 기울여진다.

2022. 11.

초임 첫날

시험감독이라니! 1967년 처음 출근하는 날 학교 교무실로 들어갔다. 마침 교무회의가 끝나고 어수선해 보였다. 교장 선생님이 나를 보더니 "선생님들 잠깐만요. 새로운 선생님이 오셨습니다. 선생님들은 지금 인사 나누고 월요일 애국 조회 시간에 학생들한테 새로 오신 선생님 소개합시다." 말이 끝나자 40명 되는 선생님들이 시험지 봉투를 들고 각 교실로 간다.

교내를 살펴보려고 밖으로 나가려는 나에게 "선생님 시험 감독 하셔야죠." 말하는 선생님은 키가 크고 까만 얼굴에 무섭게 보였다. 나는 마음속으로 당황스러웠지만 네, 대답하고서 학년과 반이 쓰여 있는 봉투를 받아 들고 중간 운동장을 지나갔다. 유난히 창문 밖으로 많은 학생이 고개를 내밀며 소리를 지르는 반이 있다. 설마 내가 들어가는 교실이 아니겠지!라고 생각하며 뒤 복도를 지나 5학년 1반 교실로 들어갔다.

이럴 수가, 순간 놀라웠다. 머리를 창밖으로 내밀며 소리치던 63명 되는 학생들이 내가 새내기 선생님처럼 보였는지 큰 소리로 떠든다. 시험을 볼 수 없을 만큼 정신이 혼미할 정도다.

애들을 어떻게 제압하지 잠시 생각하며 교실을 둘러봤다. 칠판 옆에 지휘봉이 긴 것과 짧은 것 두 개가 걸려있다. 그 중 긴 지휘봉을 들고 말없이 교탁 위를 내리쳤다. 일시 조용해졌다.

"이 반 반장이 누구예요. 앞으로 나오세요!"

체구가 작고 깡마르고 힘이 없어 보이는 반장이 나오는데 뒤에 큰 학생이 더 큰 소리로 떠들고 있다. 제일 큰 학생이 소리를 지르면 반 학생들이 따라서 해야 하는 것처럼 덩달아 큰 소리를 지른다. "저 뒤 큰 소리로 말하는 학생 이름을 말해 봐요?" "만수인디요." 낄낄대며 대답한다. "반장은 자리로 들어가세요. 웃고 계속 큰소리로 떠드는 만수 학생 나오세요."

앞으로 나온 만수의 뺨을 세게 한 대 때렸다. 교실은 쥐죽은 듯 조용해졌다.

"지금 무슨 수업이고 왜 뺨을 맞았는지 설명해 보세요. 만수 학생?" 잠시 생각하더니 "시험 보는 시간인디 제가 주동이 돼서 큰 소리로 너무 떠들어서 죄송했당개요. 잘못했어라우"(전남 구례 사투리)라고 말을 한다. 스스로 알고 있는 만수에게 "들어가 자리에 앉아요. 앞으로 선생님이 지켜볼 거예요."

수업시간은 조용한 분위기에서 시험은 잘 치렀다. 시험 보는 시간에 학생 뺨을 때렸다면 학생보다 교사가 질타를 받았을 테지만 그때 나는 그 상황에서 그럴 수밖에 없었다. 만수 학생으로 인해 교실은 조용해졌다.

시간이 부족할 것 같아서 충분한 시간을 주고 문제를 풀도록 했다. 그리고 학생들한테 점수 관계없이 열심히 문제를 푸는 학생한테 상을 주겠다고 약속을 했지만 마음은 아팠다.

무사히 시험을 마치고 시험지를 들고 교무실에 들어갔다. 5학년 1반이 유명한 문제아 반인데 어떻게 제압해서 시험을 보았느냐며 선생님마다 입을 벌리며 놀란 표정을 한다. 그 말로 내 마음이 달래지지 않았다. 학생들 표정을 떠올리며 성적이 제대로 나와야 할 텐데, 또 뺨 맞은 학생이 괜찮을까? 걱정도 되었다. 출근 첫날 학생들한테 소개도 안 한 교사를 더구나 문제아반 시험감독이라니 은근히 화가 났지만 어쩌랴! 참을 수밖에….

그다음 날 학교 운동장을 들어서는데 어제 뺨을 맞은 만수가 운동장 끝 편에서 큰소리로 "선생님" 하고 달려와서 인사를 한다. 반가워서 이름을 불러주고 꼭 껴안아 주었다.

초롱초롱한 눈망울로 눈동자를 굴리며 수줍게 웃는 그 모습이 몇십 년이 지난 지금도 가끔 뇌리에 스친다.

만수는 그 후 나와 친해졌다. 졸업하고 가끔 찾아와 중학교에서 공부하기 힘들다고 물어보기도 하고 애교부리는 만수, 순진한 학생이었다.

그다음부터 교사로서 학생들한테 경어로 잘못한 행동에 관해 설명해주고 스스로 판단하도록 했던 방법이 잘했던 것 같다. 그 뒤 어린 학생들 지도를 했던 경험이 퇴직 후 학원 문제아 지도하면서 좋은 모습으로 변하는 학생들을 보고 기쁨이 컸던 시간들이 내 기쁨이기도 했다.

5학년 1반 시험성적도 다른 때보다 점수가 잘 나왔다고 호랑이로 불리는 5학년 1반 담임선생님이 기분 좋아 "이 선생님 교육에 대한 서적을 많이 읽으셨나 봐요." 싱글벙글한다.(담임선생님 나이가 많은 이규석 선생님) 선생님 얼굴 표정을 잊을 수 없었던 날이다. 그 후 나에게 미안해서인지 친절하게 잘 대해주신 분이다.

학생들과 약속을 지키려고 담임선생님한테 허락받아 시간을 마련했다. 간식을 먹고 재미있게 오락하며 즐기는 모습을 보고 지도에 대해 많이 생각했던 시간이었다.

나에게 그런 대담한 행동이 어디서 나왔나 싶어 나 자신이 놀라면서도 기뻤다.

초임 첫날, 나는 혹독하게 시험 감독을 하고 나서 내 스스로 교육에 대한 신념과 교육의 목표를 마음속으로 다짐하면서 나의 교사 생활이 시작되었다. 요즘 같으면 학생 인권 어쩌고 하면서 나는 교사직에서 해임되었을지도 모르는 상황을 연출한 셈이다. 학생에게 손찌검을 한 것을 잘했다 할 수는 없지만 만수의 변화를 보면 진정 교육은 어떻게 해야 하는지 다시 한 번 심각하게 고민해 볼 일이다. 교육의 목표를 어디에 두고 어떤 마음으로 학생을 대하느냐가 중요하지 무조건 아이들을 왕 모시듯 하는 것만이 좋은 교육일까? 우리 모두 심각하게 고민해 볼 때인 것 같다. 더 늦기 전에.

2021. 12.

기차를 타고

　캐나다의 수도 오타와를 토론토에서 살고 있는 아들과 둘이 2박 3일로 다녀왔다. 토요일 이른 아침 첫 기차를 타려고 역에 도착했다. 대합실은 아무도 없었다. 우리가 첫 손님인가? 설레는 마음으로 의자에 앉아 기다렸다. 출발 시간이 다가오자 게이트로 모여든다. 줄을 서서 개찰하고 기차 안 의자에 앉았다. 왠지 가슴이 두근거린다. 도착지까지 5시간이 소요된다. 달리는 기차 안에서 창밖으로 스쳐 가는 푸른 들판이 평야를 이룬다. 흥분된 마음이 푸른 초원을 바라보니 안정이 된다. 지난 프랑스 여행 때 기차를 타고 봤던 노란 밀밭이 펼쳐진 들이 아련히 떠오른다.
　여고 시절 여름방학 때 기차를 타고 달리다 보면 들판의 벼가 온통 푸르다. 방학이 끝나고 서울로 상경할 때 한 달 사이 벼 대가 나와 푸른 잎 위로 꽃을 피워 노르스름하게

보였다. 고향에 내려갈 때는 마음이 부풀었고, 상경할 때는 새로운 생활에 적응하기 위해 긴장하기도 했던 옛 추억이 몇십 년이 지났는데도 넓은 평야를 보니 떠오른다.

오타와 가는 열차는 역이 많지 않고 출발해서 아홉 번째다. 마을이나 농지가 있는 곳은 호수나 고인 물이 보이고 사람이 살지 않은 곳은 물이 없어 보였다. 울창한 나무가 들판을 뒤덮어 낮은 산으로 보이기도 하고, 키 큰 마른나무들이 푸른 나무 위로 쑥쑥 올라와 있는 모양을 보면 참 신기했다. 물을 빨아들이지 못해 말라 죽다니! 그러한 마른나무가 있어서 불이 나면 속수무책이라고 한다. 지금도 서북쪽 두 군데에서 몇 개월째 불이 나서 타고 있다. 비가 쏟아진다거나 겨울이 와야 멈출 거라 하며 어쩔 수 없다고 한다.

나무들로 울창하지 않으면 넓은 농지로 채소나 옥수수를 심어 끝없이 펼쳐진 들을 보면 나도 모르게 탄성이 절로 나온다. 고향이 농촌이라 들을 보고 정신 팔리고 있을 때 아들이 "오타와역에 도착했어요." 한다. 기차에서 내리는데 역은 우리나라와 아주 달랐다. 건물은 화려하지 않고 검은색으로 되어있으며 복잡하지도 않고 더구나 음식점이 없다는 사실이다. 간단한 음료나 커피와 빵 종류만 있을 뿐 음식 파는 곳이 없어서인지 복잡하지도 않고 아주 깨끗하다.

짐을 풀고 먼저 캐나다 국회의사당으로 갔다. 100년이나 된 건물이 벽돌로 되어있다. 단단하고 섬세하면서 웅장해 보였다. 양쪽에 있는 건물 중 캐나다 연방 회의장이고 또 한쪽은 연방정부 사무소다. 국회의사당 앞에는 1년 내내 꺼지지 않은 불이 있다. 옛날 유럽 사람들이 캐나다 땅을 정복하기 위해 캐나다인들을 많이 학살해서 그분들을 기리기 위한 꺼지지 않은 불이라고 한다. 보수공사 때문에 국회의사당 안에 들어가지 못하고 그 주변에 둘레 길을 걷고 운하 앞에 서 있는데 영국 백파이프 악기 소리가 들려온다. 더 내셔널 워 메모리얼 기념관 앞에서 군인들이 행사하는 모습을 관광객들이 보기 위해 광장에 많이 모여 있다. 전쟁 때 희생된 분들을 기억하는 행사이기에 숙연한 마음으로 지켜보았다. 행사가 끝나고 동상을 둘러보며 각 면에 캐나다인이 참전했던 연도가 적혀있었다. 6·25전쟁에 참전 연도를 찾아보고 대한민국 자유를 위해 미지의 땅으로 온 캐나다 젊은 분들께 감사와 고마움을 담아 기도하고 화폐박물관으로 갔다.

 1시간 30분 동안 기다려야 했다. 기다리는 시간에 전시관을 둘러보고 있는데 노란색으로 된 네모난 덩어리를 사람들이 한 번씩 들어 본다. 나에게 들어 보라고 하는 아들, 무거워서 끙끙거리는 나를 보고 다가와 불끈 들어 올리면서 "10억 되는 진짜 금이에요. 전시하는 동안 경찰이 지키고 있다가 저녁 시간이 되면 제자리에 가져다 놓는대요. 텔레비전에서 금덩어리를 들고 도망가는 건 거짓말 같아요. 저거 하나도 너무 무거워서 멀리 못 가겠는데." 하며 웃는다. 그때 조폐공장 해설사가 왔다.

  캐나다 화폐가 어떻게 발전해 왔는가를 보여주고 만드는 과정을 비디오로 보면서 설명한다. 놓여있는 기구를 보며 고개를 끄덕일 뿐 끝나고야 설명을 간단히 들었다. 우리나라도 화폐박물관이 있다는 데 가 보지 못했으나 관심을 갖게 되었다.

  다음날 캐나다 국립 미술관으로 갔다. 파리 루브르 미술관, 뉴욕의 메트로폴리탄 미술관과 함께 세계 3대 미술관으로 손꼽히는 오타와 미술관은 소장품이 6만 5천 점이라 한다. 1888년에 새로 지은 미술관은 외관 전체가 유리와 핑크빛 화강암을 사용한 현대식 건물이 크고 너무 아름다웠다. 긴 시간 동안 관람하는데 지루하지 않고 작품과 작가들을 보면서 흥미롭고 즐거웠다. 피카소, 고흐, 모네, 유명한 화가들의 작품과 소장품이 많았다. 잠시 쉬고 1층으로 갔다. 넓은 공간에 만들 수 있는 자료들이 구비되어 있고 어린이와 부모가 같이 만들고 있다. 정서적으로 좋아 보였다.

  미술관 앞 광장에는 검은 거미로 보이는 조형물이 아주 거대하게 세워져 있다. 사진을 찍고 노트르담 성당으로 갔다. 마침 결혼식이 있어서 많은 사람이 모여 있다. 안에는 들어가지 못하고 밖에서 둘러보았다. 리도 운하에 미련이 남아 다시 운하 하류를 가 보았다. 하류에는 특이하게 계단식으로 되어있다. 영국이 퀘벡을 다스릴 때 미국과 전쟁을 대비해서 만들어졌고, 물건을 운송한다. 특이한 것은 하류에는 높은 계단식으로 되어있다. 한 계단식 물을 채워 배가 지나간다니 대단하고 신기해 보였다. 리도 운하 폭은 좁지만 작은 배가 다닌다. 긴 겨울에 꽁꽁 언 운하 위에서 누구나 스케이트를 타고 즐긴다니 그네들이 부럽기도 하다. 리도 운하의 총길이 202km 물줄기는 시내를 가로질러 말없이 흘러간다. 날씨도 환상적이다. 파란 하늘에 뭉게구름이 소리 없이 흘러가듯, 주변의 아름다운 풍경과 아름답고 조용한 오타와 그림을 그리며 열차에 실려 소리 없이 달린다.

2023. 7.

모레인 호수

 토론토에서 첫 비행기 타고 캘거리 공항까지 가는 데 4시간이 소요된다. 같은 나라인데도 2시간 시간 차이가 있어 늦게 해가 진다. 공항에서 아들 친구 집에 가는 길, 시야에 들어오는 들판은 토론토와 전혀 다른 분위기다. 끝없는 들을 보며 캘거리가 사막처럼 보인다. 마을은 군데군데 있고 지금도 집을 짓고 있는 마을도 보였다. 아들이 결혼할 때 캘거리 사는 친구도 같은 달, 같은 날, 같은 시간에 결혼해서 아이들도 나이가 비슷하다. 토론토에서 잠깐 살고 있을 때 두 집 아이가 곧잘 놀았는데 지금은 떨어져 있어 좀 아쉽다고 하는 아들.
 캘거리와 토론토는 많이 달라 보였다. 어린이들이 마음 놓고 놀 수 있는 공원이나 놀이터가 보이지 않는다. 평야에 마을이 덩그러니 있을 뿐 갈 수 있는 곳이 눈에 보이지 않았다. 토론토는 공원이 많고 놀이터나 운동시설이 잘 되어있어서 마음대로 즐길 수 있다. 끝이 보이지 않은 큰 호수가 있어서 바닷가처럼 모래밭이 거대하게 있는가 하면 조금 작은 곳도 여러 군데 있다. 숲으로 쌓여있어서 공기도 맑고 날씨도 좋아서 참 좋은 곳이라는 것을 캘거리 와서 보니 느껴진다.

캐나다 서북쪽에 불이 몇 개월째 타고 있다. 바람이 부는 방향으로 연기가 온다. 우리가 갔을 때는 많이 좋아진 날씨인데 약간 뿌옇다. 얼마 전에는 3개월 동안 매콤한 연기 때문에 문을 열지 못하고 공기 청정기를 24시간 틀었다고 한다. 나이 든 할머니는 한국 공기가 안 좋아서 캘거리에 왔는데 매콤한 뿌연 연기에 놀라서 한국으로 돌아갔다고 말하는 친구 아내가 "지금은 날씨가 많이 좋아졌다."고 한다.

한참 달렸을 때 우거진 숲이 보이고 바위산이 보이더니 길 따라 호수도 보인다. 숙소에 도착해서 산을 보니 사면이 바위산이고 색깔이 다르고 거대하면서도 웅장하다.

다음 날 일찍 차로 한참을 달려 주차장에 차를 세우고 '모레인 호수'를 보기 위해 셔틀버스를 탔다. 몇 개월 전에 표를 사야 갈 수 있는 곳, 셔틀버스는 15분마다 있다. 차를 타고 15분에서 20분 정도 산속으로 간다. 한번 표를 사면 두 군데를 볼 수 있고 반복해서 탈 수도 있다. 평소에 '모레인 호수'를 갈 때는 두꺼운 옷을 입어야 하는데 올여름은 무더

위가 찾아와 반바지 반소매나 얇은 옷을 입을 정도로 몹시 더웠다. 차에서 내리니 파란 호수가 보인다.

호수를 보니 뭐라 표현할 수 없을 만큼 아름다웠다. 또 물결 위에 비치는 햇살이 눈이 부시고 호수가 나무는 쭉쭉 뻗어 심어 놓은 것처럼 어울려 아름다워 보인다. 주변의 자연경관을 보고 있는데 환호 소리만 들린다. 호수 둘레 길을 걸으며 카누 타는 곳을 지나쳤다. 카누를 타기 위해 줄 서 있는 손님한테 더 띄울 수 없다고 관계자는 설명하고 있다. 유난히 파란 호수에 카누 몇 대가 떠다닌다. 그림처럼 평화로운 모습에 한참을 망부석처럼 보고 서 있었다. 몇 시간 동안 취해 있다 다음 호수로 가기 위해 셔틀버스를 탔다. 그런데 어떤 분이 큰 개를 데리고 버스에 올라탄다. 기사분이 깜짝 놀라며 강아지 데리고 오면 안 되는데 어떻게 데려왔느냐며 큰 소리로 내리라고 한다. 아무 말도 못 하고 내린다. 여기는 쉴 수 있는 공간에서 간단히 먹을 수 있고 기념품 가게도 한 군데뿐이다. 우리나라 같으면 음식점이 먼저 생기고 노점상인이 많았을 텐데라는 생각이 들었다.

'모레인 호수'를 보고 주차장으로 가서 차를 가지고 '루이스 호수'에 가기로 했다. 여유 있게 곤돌라를 타기 위해서다. 셔틀버스에서 내려 주차장 자동차 앞으로 갔다. 호주머니에 있어야 할 자동차 열쇠가 없어졌다. "어떡하지." 하는 아들, 호숫가에서 반소매로 바꿔 입을 때 떨어뜨렸나 하고 다시

셔틀버스를 타고 호수로 갔다. 많이 놀랐을 텐데 놀란 표정을 짓지 않는다. 딸은 나에게 부탁한다. 동생이 더 당황하니 놀라지 마시고 표정 관리해 주세요, 한다. 딸의 말에 미소가 지어진다. 누가 주워서 나뭇가지에 걸쳐놓았나 싶어 나뭇가지를 보았으나 없었다. 아들은 잠시 생각하더니 "엄마는 앉아서 호수 더 보고 계세요." 하고서 누나와 한 번 더 가 보겠다고 한다. 한참 있다 숨이 찬 목소리로 "엄마 찾았어요. 호수 옆 나뭇가지에 걸려 있었어요." 한다. 얼마나 반가운지! 아무렇지 않게 말했지만 참 많이 놀랐다. 만약에 잊어버렸다면 대형사고인데…. 그런데 어디를 가나 도움을 받는다. 그래서 나쁜 일은 없을 거라고 믿음도 있었다. 열쇠로 인해 아름다운 '모레인 호수'를 두 번을 볼 수 있었다. 호수를 더 볼 수 있었으니 감사한 마음으로….

 운전해서 두 번째 '루이스 호수'를 가려고 했는데 시간을 절약하기 위해 열쇠를 찾고서 바로 셔틀버스로 갔다. 호수는 큰길에서 가까웠다. 주차장도 꽤 넓어 보인다. '모레인 호수'보다 더 크고 겨울에는 스케이트도 탄다. 김연아가 스케이트를 탄 곳이기도 하다. 아름답고 웅장해 보인다. 큰 리조트도 있다. 지금도 리조트를 더 크게 증축하고 있다. 카누가 눈에 띄게 많아 보였다. 지금도 호수의 아름다움이 선하다. 아름다워 더 머물고 싶었지만 아쉬워하며 호수에서 나와 밴프 곤돌라를 타러 갔다. 오후 8시까지 운행하는데 열쇠 사건 때문에 6시경에 도착했다. 산 정상까지는 아주 높아 타고서 10분이 걸린다. 올라갈 때나 내려갈 때 바라보는 풍경은 장관이다. 산 정상에 내려서 내려다보이는 경관을 어찌 말로 표현하리, 다음 봉우리를 걸어서 가는 길이 예뻐 보이는데 가지 못하고 아름다움을 가슴에 담아 내려왔다. 자동차를 타고 내려가는 길에 '시간의 폭포'라고 쓰여 있는 곳에서 우리를 멈추게 한다. 작은 폭포와 호수를 만들고 여러 종류의 꽃으로 정원을 예쁘게 만들어 놓았다. 꾸준히 관리하시는 분이 있어서인지 그 큰 정원이 너무 아름다워 지나가는 사람의 마음을 사로잡는다. 그리고 밴프 시내에 있는 호숫가로 갔다. 관광객인지 엄마와 어린이가 행복해하는 모습이 눈에 선하다. 밴프타운 표지판에서 사진을 찍고 많은 인파에 휩쓸려 기념품 가게를 기웃거리다 열쇠고리가 먼저 눈에 들어온다. 놀란 가슴은 어쩔 수 없나 보다.

2023. 8.

버뮤다 섬나라

　뉴욕에 있는 동안 딸과 오붓한 시간을 보내라고 사돈집으로 가서 생활하는 사위, 크루즈여행도 둘이 다녀오라고 신경써주니 미안하기도 하고 고마웠다. 큰딸이 일찍(27세) 결혼해서 나와 단둘이 여행은 처음이다. 아들은 중, 고등학교 때 친가, 외가 시골 산소에 아빠와 같이 여행하는 기분으로 다녀오곤 했다. 그리고 지난여름 아들이 토론토에 살고 있어서 엄마인 나와 둘이 오타와를 다녀왔다. 늦게 결혼한 둘째 딸과 가끔 여행 다니는 모습을 보면서 부러워하던 큰딸, 이번에 단둘이 가게 되어 어미인 나도 마음이 설레었다.
　크루즈를 타기 위해 뉴욕 브루클린으로 가는데 많은 차가 배로 향하고 있다. 말로만 듣던 크루즈는 아주 커서 놀라웠다. 입실은 10시부터 한다. 어찌나 사람이 많은지 비행기 탈 때와 똑같이 까다롭고 철저하다. 큰 가방은 맡기고 미국 시

민은 신분증을 보여주고 나는 여권을 보여 주고 입실했다. 11층 테라스 있는 방으로 예약을 해서 들어가는데 문이 무겁고 방음이 잘되어있어 놀라웠다. 가끔 낮에 딸은 바이올린 나는 플루트 연습을 할 수 있었다. 오후 12시경에 뷔페에서 점심을 먹은 후 4시에 출발했다. 더구나 날씨가 여행 기간 맑고 좋아서 기쁨을 더해준 듯하다. 출발하고 다리 밑으로 큰 배가 지나가니 신기한 듯 박수와 환호성이다. 대서양을 가르며 망망대해를 바라보니 여행을 좋아하는 그이 미소가 뇌리에 스친다. 같이 왔으면 참 좋아했을 텐데 아쉬움이 남는다.

배 안에는 아이들 데리고 온 가족, 나이 든 부부, 휠체어 타는 분이 꽤 많았다. 다양한 인종이 다 모였는데 모든 사람의 표정은 밝고 즐거워 보였다. 불편 없이 시설이 잘되어 있고 부담 없이 즐길 수 있었다. 이틀 동안 다녀도 배 안을 다 볼 수 없었다. 3일째 되는 날 오전 6시경 일어나 배가 버뮤다 항에 도착했음을 알 수 있었다. 창문을 열고 테라스로 나가 바다 물색을 보고 깜짝 놀랐다. 대서양을 가르며 왔는데 청록색 바다가 펼쳐지니 황홀하고 신기했다. 버뮤다 섬은 영국령의 섬(대서양에 있는 영국의 해외 영토)이라 한다. 이곳에서 3일간 머물기로 했다. 배 안에 있는 식당은 예약 시간이 정해져 있고, 뷔페는 소독, 청소 시간을 빼고는 거의 24시간을 다양하게 운영하고 음식이 넘쳐나게 많다.

섬 항구 주변이 너무 깨끗해서 놀라웠다. 3일을 머무는데 음식을 가져가지 말라고 방송한다. 탈이 날 수도 있고 바닷물이 오염될 수 있어서다. 섬에서 3일 일정을 배에서 예약하고 첫째 날 미니버스로 호스슈베이 핑크빛 바닷가로 갔다. 넓은 핑크빛 모래사장은 청록색 파도에 밀려와 아름답게 보였다. 얕은 핑크빛 모래밭을 걷다 바위 틈새에 여러 모양으로 뻗어있는 나무, 자연 그대로 아름답고 예뻐서 사진으로 남겨놓았다. 햇볕은 뜨겁지만, 물은 좀 차가웠다. 6월에는 자유롭게 물에서 놀 수 있다고 한다. 우린 바닷가를 거닐다 점심 식사를 하러 갔다. 다른 곳은 문을 열지 않고 바닷가 한 곳이 문을 열었다. 많은 사람이 주문하고 기다리고 있는데 동양인 그룹이 몇 개 안 되는 테이블 중에 두 테이블을 차지하고 있다. 더구나 큰 소리로 말을 하고 가지고 온 음식을 서슴없이 차려놓고 먹고 있는 그들을 보며, 같은 동양인으로서 부끄러웠다. 배에서 음식을 가져가지 말도록 방송했는데 전혀 개의치 않아 보였다.

배로 돌아가는 길, 주변 모든 건물 지붕이 하얗다. 그리고 골이 있어 보였다. 궁금하던 차 기사분이 하얀 지붕에 대해 말한다. 비가 오면 하얀 지붕은 물이 증발하지 않기 때문에 지하 물탱크로 흐르게 해서 저장한 다음 정수를 해서 사용한다니 놀라웠다. 선착장인데도 물가에 물이 깨끗하고 길에도 부스러기 하나 없이 깨끗했다. 요트도 어찌나 많은지 놀라웠다. 골프장도 여러 군데 있고 시합도 이 섬에서 한다고 한다.

　둘째 날 미니버스로 시내 투어를 하는데 기사분이 가이드 역할을 하면서 설명한다. 소메르셋 다리를 지나면서 세계에서 제일 작은 도개교라 하는데 다리라고 볼 수 없을 만큼 작았다. 다음 유리 바닷가로 갔다.(글라스 비치) 돌이 투명하고 아름다워서 장식품을 만들어 판다. 그 돌을 하나라도 가져오다 걸리면 큰일 난다고 기사가 미리 말을 해준다. 해밀턴 수도로 갔다. 깔끔하고 조용한 도시로 보였고 어디를 가나 깨끗했다. 세인트 조지는 유네스코 세계유산이라고 한다. 오래된 역사적인 건물이 많아 신기해하면서 둘러보고 깁스 힐 등대(세계에서 가장 오래된 등대 중 하나)로 갔다. 보통 등대는 바다와 가까운 데 있는데 이 섬에서는 높은 언덕 위에 주철 탑으로 세워진 등대를 보면서 신기했다. 시내 투어를 5시간 30분 동안 바삐 다니다 보니 배가 고팠다. 밖에 나갔다 배로 들어가는 사람이 많은데, 눈에 띄게 골프채 가방을 쩔쩔매고 끌고 가는 한국인 남자 2분. 3일 동안 머물러서 골프채를 가져온 듯하다. 배 안으로 들어가려면 한참 걸어야 하고 매번 복잡한 절차와 짐도 조사하는데….

　셋째 날은 박물관 근처에 쇼핑몰이 있어서 여유롭게 쇼핑을 즐기고 배로 돌아왔다. 오후 4시경 떠나는 배 선상에서 멀어져 가는 아름다운 섬나라를 보고 술이나 칵테일을 들고

환호성이다. 우리도 카페에서 잔을 들고, 그 계열에 합류했다. 멀어져 가는 섬을 보니 파란 나무에 하얀 지붕이 더 깨끗하고 아름다워 보였다.

배 안에서의 생활은 글로 표현할 수 없을 만큼 다양했다. 운동이나 오락도 여러 가지다. 여러 민족이 모여서 좋은 경험을 했다. 밤마다 파티를 하는 데도 좋아하는 뮤지컬을 보러 다녔다. 돌아오는 전전날 밤 파티에 참석했다. 한참 막춤을 추고 있는데「강남스타일」노래가 한국말로 나오지 않는가! 가수 싸이 노래다. 어찌나 반갑고 신나는지! 몇 번을 들려준다. 기분이 최고였다. 다음 날 밤에는 가수 노래를 듣고 숙소로 돌아와서 준비한 큰 가방을 문밖으로 내놓았다.(사람이 많아서 가방도 많다. 전날 밤 10시에 가져가서 다음 날 찾을 수 있게 한다.) 아침 일찍 스트레칭 한 다음 식사를 하고 나갈 준비를 하는데 아쉬움이 남는다. 배에서 일하는 사람이 1,600명인데 친절하고 부족함 없이 잘한다. 여행객도 몇천 명이라니 참 놀라웠다.

6박 7일 동안 언어가 통하지 않은 어미를 케어 하느라 고생한 딸, 짜증도 나련만 한결같이 미소가 봄바람이다. 다음에는 가족이 다 같이 왔으면 좋겠다는 마음가짐이 감사하고 고마웠다.

2024. 5.

그리워하며

고향 모교에서 근무할 때였다. 전남 장성읍에서 20킬로 되는 서쪽에 자리 잡고 있는 아주 시골 학교다. 주말이면 광주로 나가 목포로 가서 플루트 개인지도를 받고 필요한 물건들을 사서 가지고 온다. 그날도 5월 마지막 주 토요일 광주에 갔다. 언니 집에서 하룻밤 자고 일요일 막차를 타고 집에 도착했다.

밤 8시경 대문에 들어서는데 마루에 앉아 천식으로 기침하시는 할머니는 나를 보고 "기다렸는데 왜 인제 오냐?" 하신다. 매주 똑같이 왔는데 마음속으로 생각하면서 혹 용각산 떨어졌어요, 하고 드렸다. 그때 숙모님이 집에 들어오는데 할머니는 숙모한테 "너는 내가 아파도 들여다보지도 않냐?" "먹고 살려니 그라재라우." 말하는 숙모를 보면서 눈 꼽질* 하시며 방으로 들어가신다. 깜짝 놀라서 할머니 따라 방으로 들어갔다. 평소에 숙모가 잘 오지 않아서 화가 나셨는지 싫은 소리를 한다. "할머니 내가 늦게 와서 화나셨구나. 다음에는 바로 올게요." 마음을 풀어 드리고 용각산을 입에 넣어 드렸다.

12시경 기침 소리가 계속 들렸다. 감기 증상이 있으면 천식 기가 있어 고생하신 할머니, 용각산 향을 맡으면 좀 나아진다고 하여 조금씩 드렸는데 이날 밤은 유난히 숨을 못 쉬겠다며 자주 달라고 하신다. 1시간도 안 되어 다시 부른다. 자주 먹으면 좋지 않은데 물 주전자를 옆에 놓고 "한 모금씩 잡수셔요." 하고서 새벽 4시경 나는 쓰러져 잠이 들었다. 깨어 보니 6시경이다. 조용히 주무시는 할머니를 보고 출근할 준비를 하고 있는데 어머니는 할머니가 이상하다고 하신다. 할머니 방으로 들어가 할머니를 불렀더니 눈을 뜨시고 대답이 없다. 의원이 집에 도착했다. 작은삼촌도 왔다.

진찰하는 모습을 보고 일어나시겠지 믿고 출근했다. 5시경 나를 데리러 왔다. 할머니가 나를 찾으신다고 한다.

할머니 하고 불렀더니 그제야 가느스름하게 눈을 뜨고 "어머니를 잘 보살" 소리만 들리고 다음 소리는 잘 들리지 않았다. 그리고서 고통 없이 눈을 스르르 감으시고 그대로 84세에 운명하셨다. 뒤통수를 맞은 것처럼 멍하니 울음도 나지 않았다. 나를 기다렸던 할머니 마음이 얼마나 외롭고 절실했을까?

주변에서는 뚱뚱하고 소주를 좋아하신 할머니를 살이 빠져야 돌아가실 거라고 했다. 그런데 그 몸 그대로 유지하셨다. 덥지도 춥지도 않은 좋은 계절, 들판에는 벼를 심어놓아 초록 보자기를 펼쳐 놓은 듯 파랗다. 농촌이 한가할 때 5월 말경 할머니는 우리 곁을 떠나셨다.

할머니와 나는 각별한 사이고 다섯 번째 손녀다. 고등학교를 서울에서 다닐 때 겨울방학을 하면 할머니는 인삼 가루를 꿀에 재워 놓고 나를 기다리셨다. 유난히 예뻐해 주신 할머니, 집에 있는 동안은 할머니 곁에서 도와드리고 밤에 화장실 가실 때 관솔*에 불을 지펴 할머니 앞에서 들고 화장실에 다녔다. 큰아들 손자, 둘째 아들 손자, 집을 지나면서도 맛있는 과자를 치마폭에 숨겨 우리만 주신 할머니, 딸만 일곱 난 어머니한테 잘하시는 할아버지 할머니, 또 어머니밖에 모르는 아버지, 옛날인데도 지금 생각을 해 보아도 참 대단한 분이었다.

　일찍 돌아가신 아버지 빈자리를 채우며 종갓집 종부인 어머니를 보살피고 도와주신 선비이신 할아버지는 77세에 갑자기 쓰러져 다음날 운명하셨다. 금방 가셔서 허망했는데 몇 년 후 할머니도 돌아가신 전날 평소처럼 다니시다가 다음날 돌아가셨다. 할머니를 의지하며 사셨던 어머니, 또 밥상에 마주 앉아 할머니 밥 수저에 굴비를 찢어 올려드리는 모습을 볼 수 없고, 그 큰 집에서 혼자 살아야 하는 어머니를 생각하니 마음도 아프고 할머니가 그립다.

　나는 할머니 계실 때 교직 생활을 1967년 구례에서 시작했다. 교사 생활을 못 견디고 올 줄 알았던 할머니와 어머니는 잘하고 있는 나를 보시고 신기해하셨다. 할머니 좋아하시는 소주와 간식이 떨어지지 않게 사 드리는데도 할머니 술 떨어졌어요? 하면 "네가 언제 술 사주었어." 하시며 웃으신 할머니, 그렇게 농으로 말씀하신 할머니가 좋았다.

1970년 모교로 전근해 와서 사고 싶은 피아노도 사고, 배우고 있는 플루트를 계속할 수 있어서 좋았고, 방학이면 여행 다닐 수 있어서 좋았다. 내가 맡은 반 어려운 학생들을 도와줄 수 있어서 좋았고, 내가 하고 싶은 일을 할 수 있게 해 주신 할머니와 어머니께 감사한 마음이었다. 감사한 마음으로 열심히 살아온 나는 내 자녀에게 어떤 할머니와 어머니의 얼굴로 기억되려나!

방학할 무렵이면 나를 기다리는 할머니, 어머니의 주름진 얼굴이 아련하게 떠오르며 그리워진다.

*눈 꼽질 : 눈을 흘기며 곱지 않게 쳐다본다.
*관솔 : 소나무에 송진이 붙어있는 나무 조각.

2023. 3.

아들이 옳았어

　춘천 닭갈비를 보니 지난 일이 스친다. 그때의 어리석음을 남모르게 혼자서 생각하며 맛있게 먹고 있다. 군대에 다녀오는 일은 국방의 의무인데 어미 마음이 너그럽지 못해서 시켜준 닭갈비를 한 입도 먹지 않은 아들이 군대 입대하는 뒷모습을 보며 심란하기만 했다. 그 후론 나도 모르게 닭갈비를 잊고 있었다. 그런데 올해 하계 세미나에 참석하게 되어 닭갈비를 맛있게 먹으면서 아들 생각이 스친다. 내가 왜 그랬지!
　그때 캐나다에서 2년 이상 거주하면 영주권을 신청할 수 있었다. 군대를 회피하기 위해서 유학 보낸 건 아니지만 졸업하고 올 줄 알았다. 1997년 외환위기 IMF가 시작되어 한창 힘들 때 지나 1999년 7월에 아들과 딸이 유학하러 갔을 때는 환율이 높았을 때였다. 어렵게 결정해서 보냈는데 아들이 4년 되던 해 3학년 때 도중에 왔으니 반가움보다 당황스러웠다. 유학 생활이 힘들어서 군대 핑계 삼아 왔나, 아니면 우리가 모르는 무슨 일이 있었나! 참고 기다리는 시간이 속이 타들어 가는 것 같았다.

 한국에서 공부를 잘 하지 않았지만 한 번도 말썽부리지는 않았다. 더구나 본인이 원해서 유학하러 가서인지 결석 없이 성실하게 수업해서 성적이 좋았다. 학기마다 성적표가 한국으로 날아왔다. 더구나 한국에서 받은 비자 기간이 되어서 캐나다에서 첫 번째 비자를 신청했다. 다른 유학생은 비자가 1, 2년 나오는데 아들은 4년이 나왔다. 주변에서 놀랍다고 하는데 혹시 부탁했느냐고 아들한테 전화가 왔다. 나중에 알고 보니 성실했던 학교생활이 영사관으로 전해져서 4년이 나온 것 같다고 했다. 4년 중 1년 머물고 왔으니, 주변에서도 의아해하며 좋지 않게 오해했었다.

 아들은 시차 적응하고서 계획을 말한다. 군대를 다녀온 후 졸업해야 취업하기가 더 쉽고 국방의무를 해야 고국을 자유롭게 다닐 수 있다고 우리에게 설명한다. 아들한테 오해한 부분을 말해주고 미안하다고 말해주니 마음이 편해졌다. 그리고 통역이나 카투사는 미리 준비해야 하는데, 한번 해 보겠다고 하더니 다녀와서 뺑뺑이로 돌린다고 한다. 안 될 수밖에 없다면서 미련 없이 현역으로 가겠다고 한다. 신청하고 얼마 뒤 통지서가 나왔다. 소집이 논산이 아닌 춘천이다. 춘천에서 훈련 받으면 거의 전방으로 배치 받는다는 말이 있었다. 아들도 알고 있었는지 기분이 안 좋아 보였다.

  2시에 소집이니 점심을 먹으려고 춘천 먹자골목으로 갔다. 유명하다는 닭갈비를 주문했다. 시동생과 그이는 담소를 나누며 술을 한잔씩 마시고 있다. 아들이나 딸은 얼굴이 굳어 있다. 어미도 손이 가지 않지만, 젓가락으로 닭갈비를 섞으며 아들이 먹기를 기다렸는데 전혀 입에도 안 대니 군대 가서도 저렇게 안 먹으면 어쩌지! 딸한테 말을 슬쩍 흘렸다. 딸은 그 정도는 아니니 걱정하지 말라고 한다.

  시간이 되어 소집 장소로 갔다. 육촌 시동생이 식장에 들어가는 조카를 보고 악수하며 긴장하지 말고 건강하게 잘 다녀오라고 당부한다. 아들이 들어간 뒤 시동생한테 전방에서 군 생활을 해 보아야 한다면서 절대 청탁하지 말라고 당부하는 그이, 그 상황에서 말이나 하지 말지! 화가 나지만 참고 기다렸다. 그때는 참 밉고 또 미웠다.

  식이 끝나고 부모한테 인사하고 굳은 표정으로 막사로 들어가는 아들을 보니 가슴이 텅 비어 허전함이 말로 표현할 수가 없었다. 훌쩍훌쩍하는 소리에 뒤를 돌아보니 딸이 울고 있다.

  "너 왜 울어, 웃으면서 보내지!" 퉁명스럽게 말했다. "엄마는 눈물이 안 나세요." 한다. "눈물! 참고 있지 너도 참아보렴." 하고 뒤돌아서 오는데 참 무거운 마음과 허전한 마음이 밀려온다. 대화 없이 집으로 돌아왔던 기억이 난다.

훈련이 끝나고 부대 배치 받고 밤에 목이 멘 소리로 아들이 전화했다.

"엄마 인제로 배치 받았어요.""그래 설악산 가는 길 가까워서 잘 되었네."

"설악산 뒤에 있어요.""아니야 인제니까 설악산 가는 길이야."

"지도를 보세요. 최전방 원통으로 왔어요." 한다. 울먹인 아들 목소리다.

눈물을 보이는 아들이 아닌데 싶어 전화를 끊고 지도를 펴보았다. 와~ 인제가 설악산 뒤로 길게 있네. 설악산 가는 길에 인제가 있어서 가는 길이라고만 했는데 엄마의 무식을 아들한테 들킨 셈이다. 그때는 부끄러움도 없었다. 역시 최전방이네.

그이한테 "최전방 원통이래요. 당신 뜻대로 되었네요." 그이 하는 말 "너무 그러지 말아요. 우리 아들이 안 가면 다른 집 아들이 갈 텐데 속상해할 거 없어요." 한다. 아~ 유 속 터져 무슨 말을 하겠어요. 밤새 잠을 못 잤던 기억이 난다. 며칠이 지나 아들한테 전화가 왔다. 엄마 걱정하셨죠. 좀 참을 걸 미안합니다, 한다.

"저 본부에서 통신병으로 있어요. 여러 부서에서 절 데려가려고 하는데 통신병이 좋을 것 같아서요." 한다. 정말 만족스러운지는 모르겠지만 명랑한 아들 목소리를 들으니 한결 마음이 편하다. 아들 목소리에 기분이 왔다 갔다, 부끄럽

지만 어쩔 수 없는 엄마라는 것을 실감하며….

첫 휴가를 받고 왔다. 부대에서 문제가 많던데 괴롭히는 전우가 없느냐고 물었다. 불만이 있으면 글을 써서 소리함에 넣기 때문에 불미스러운 일은 없다고 한다. 오히려 군대에 들어온 청년이 연약한 군인이 많다면서 일주일 훈련이 끝나고 집으로 전화하는데 대다수가 운다고 한다. 또 자기 전 구호를 하다 쓰러져 이빨이 부러져서 병원으로 실려 나가고, 운동장에 서서 교관 말을 들을 때도 쓰러지는 군인, 식사 시간이면 먹지 않아서 먹도록 지키고 있다고 한다. 더구나 조기가 구워서 나오면 엄마가 발라주어야 먹는다면서 먹지 않으니, 부대에서도 골머리라고 한다. 연약한 군인이 많다면서 아들이 걱정스러워하며 제대했다.

원칙을 지키는 아들이기에 조금은 걱정했었다. 그런데 군대가 손해만 보는 곳이 아니라고 하면서 통신병이었기에 외국에 살면서 유익할 때도 있다고 말하는 아들이 대견스러워 보였다.

내년 여름휴가 때 춘천 닭갈비와 아름다운 춘천의 밤을 아들 가족과 함께 즐길 거라고 상상을 해 본다. 하계 세미나에 참석을 해서 아름다운 춘천을 볼 수 있었고 맛있는 닭갈비를 먹으며 아들 생각을 스치게 해 주니 이곳으로 불러준 주최 측에 고맙고 감사한 마음이다. 아들이 보고 싶다.

2023. 1.

겨울바다

 포근하면서 흐린 날씨다. 제주에 머무는 동안 눈이 온다는 일기예보를 듣고 이번에는 제주 설경을 볼 수 있으려나 마음이 설렌다. 비행기가 이륙할 때 창밖을 보니 흘러가는 구름 사이로 마을과 논밭이 눈에 들어온다. 얇은 솜털처럼 흘러가는 구름을 보고 있자니 어렸을 때 목화밭이 떠오른다. 내 어린 시절에는 목화를 많이 재배했었다. 초등학교 수업이 끝나고 집에 가서 엄마를 찾으면 목화밭에 있다고 했다. 들녘 한 곳을 건너 두 번째 들을 지나 언덕에 올라서면 아주머니들이 하얀 수건을 쓰고 목화 따는 모습이 먼발치로 보였다. 목화밭의 넓은 보자기 위에 펼쳐진 몽실몽실 하얀 목화송이를 보면 뭉게구름 같아 와~ 하고 환성이 절로 나왔다.
 목화밭을 이리저리 다니며 어린 다래를 따서 입에 넣으면

달콤한 물이 나와 맛있었던 기억이 떠오른다. 나이 많은 늙은이가 철없이 즐거워했던 시골 가시나이 내 모습이 떠올라 입가에 웃음이 번진다. 몽실몽실한 송이를 솜틀집에서 틀어 온 다음 수수깡대로 둥글게 만든다. 그런 다음 아주머니들이 물레로 무명실을 빼서 베틀에 끼워 옷감이 나오고 그 옷감으로 집에서 일하는 분 옷과 겨울 솜이불을 만드는 어머니의 모습이 아련히 떠오른다.

결혼할 때 이불을 많이 해 가는 것이 부의 상징이었던가. 쓰지 않은 이불이 여러 개 있어서 버리지 못 하고 솜틀집에서 기계로 다시 틀었다. 어릴 때 이불 만드는 어머니를 기억하면서 좋아하는 동물 그림 옷감으로 이불을 만들었다. 해외에서 살고 있는 어린 손녀, 손자에게 보내주었더니 받아보고 좋아한다. 좋아하는 모습을 보니 보내주는 마음도 기뻤다. 지난겨울에도 그 이불을 덮고 자는 사진을 나에게 보냈다. 그 사진을 보며 미소가 지어진 나는 영락없는 옛날 할머니다.

내 고향은 낮은 산으로 둘러싸인 넓은 평야를 이룬 시골이다. 그래서 누에도 키웠다. 누에고치를 끓인 물에 동동 띄운 후 물레로 명주실을 뽑아내고, 단백질이 풍부한 뽕잎 먹고 자란 번데기를 물레 돌리는 할머니 곁에서 먹었던 기억, 돗자리 만드는 왕골도 재배하고 삼나무를 재배해서 삼베옷을 만드신 어머니, 다양하게 여러 종류를 만들어 재봉틀이

쉴 틈 없이 돌아갔다. 어머니 시집을 때 가지고 온 재봉틀을 지금도 가끔 쓰고 있다. 또 다듬잇돌과 방망이를 우리 집 보이는 곳에 장식으로 놓고 힘들 때 친정어머니를 생각하면 마음이 위로가 되었다. 여행을 좋아하시는 어머니와 같이 여행하면 좋아하실 텐데 아쉽고 마음이 아프다.

목적지에 도착한 듯 산이 보이고 먹구름이 형체 없이 짙은 회색으로 소리 없이 흘러간다. 잿빛으로 변해 빗방울이 쏟아질 것 같았다. 공항에서 숙소로 가는 길에 보슬비가 한두 방울 떨어지더니 그친다.

자동차 안에서 노랗게 주렁주렁 달린 귤밭을 보니 겨울인데 신기했다. 늦게 따는 귤도 있지만 출하할 때 인건비가 비싸서 따지도 못한다고 말하는 기사님, 애써 지은 나무에 달린 노란 귤을 바라보는 주인은 얼마나 마음이 아플까?

목적지에 도착한 후 제주에 상주하는 분 안내로 먼저 차귀도로 갔다. 자그마한 섬이 무인도여서인지 더 아름다워 보였다. 그 주변 둘레 길을 걷다 보면 억새가 눈길을 사로잡는다. 또 깎아내린 듯 절벽과 기암괴석이 절경을 이루고 바위 층층마다 색깔이 다양하다. 짙은 갈색과 옅은 갈색으로 보여서 더 웅장하게 느껴졌다.

둘레 길을 걷다 언덕 예쁜 찻집 별채로 들어갔다. 자리에 앉아 있는 우리에게 귤 바구니를 가리키며 먹을 만큼 가져가라고 한다. 바구니에 담아놓은 귤을 그냥 먹을 수 없었다.

머뭇거리다가 3개를 집었다. 그걸 본 주인이 검정 봉투에 넉넉하게 넣어 주며 "맛있으면 더 가져가세요." 한다. 넉넉함에 기분이 좋았다. 못생긴 굴이지만 맛있었다. 하지만 더 가져올 수는 없었다.

처음으로 마셔본 제피로스 차귀도 선셋티라는 이름의 차는 달짝지근했다. 내 입맛에 특이했지만 상쾌한 맛이다. 피로도 풀리는 듯하다.

코로나 전 여름방학 때 딸과 손녀가 제주에 머물며 우도를 갔었다. 우도의 바다색이 가는 곳마다 다르면서 참 아름다웠다. 잔잔하게 밀려오는 파도와 빛깔을 보고 아름답다고 하던 손녀, 할머니를 부르더니 지평선을 가리키며 웃고 있는 모습이 스친다.

행복했던 시간을 떠올리며 제주 겨울 바다가 궁금했다. 우도는 가지 못하고 다른 곳으로 겨울 바다를 보러 갔다. TV에서 보았던 것처럼 안내하신 분이 겨울 바다는 아주 센 파도를 보아야 한다고 특별히 강하게 부는 곳으로 갔다. 파도에 휩싸여 바다로 빨려 들어갈 것 같아서 차 안으로 들어갔다. 그냥 돌아가기 아쉬워 잔잔한 곳으로 갔다. 바람은 조금 세지만 파도는 세지 않고 다닥다닥 붙어있는 조각 같은 검은 바위 사이로 작은 물고기가 꼬리를 흔들며 다닌다. 자유롭고 예뻐 보였다.

아침 식사로 갈칫국 집으로 안내한다. 비린내 날 것 같아 걱정스러운 마음으로 식당으로 들어갔다. 앉자마자 파란 배추 속잎을 넣어서 국이 나왔다. 수저로 국물을 먼저 맛을 보았다. 놀랄 만큼 담백하고 맛이 있다. 한 그릇을 맛있게 비우고 나오면서 요리사한테 저절로 고개가 숙어진다. 제주의 갈칫국을 잊을 수 없다. 또 점심을 처음 들어보는 보말국수 집으로 갔다. 맛집을 소개해서인지 맛이 있었다.

통째로 구운 갈치찜, 오겹살구이도 직접 와서 먹어 보니 맛도 있고 보기에도 좋았다. 마지막 날 산 중턱에 유명한 메밀국숫집이 있어서 구름 속으로 언덕을 올라 도착했다. 사람들이 대기하고 있다. 기다리고 있을 때 바람이 부는 방향으로 소나기처럼 눈보라가 휘몰아치는 광경은 장관이었다. 한참 쏟아지더니 요술을 부리듯이 언제 그랬느냐는 듯 맑은 날씨다. 여전히 길은 미끄러웠다.

겨울 바다와 미술관, 박물관을 관람하고 제주의 토종 음식을 즐겼다. 제주의 사계절을 경험해 보니 계절마다 아름답지만 겨울바다는 나에게 인상적이었다. 아름다운 겨울바다를 같이 볼 수 있게 제주여행을 해 준 작은딸 부부에게 고마운 마음이다.

2022. 12.

2
음악과 청춘

Silhouette reflection seen in the still waters of a lily pond.

horizontal water surface line
vertical still water reflection lines

2022. 4.

대나무숲

어렸을 때 살았던 시골 마을은 시끌벅적했다. 지금은 도시로 나가고 마을에는 어린아이가 없어서 텅 빈 조용한 마을로 변했다.

빈집이 허물어지고 잡풀로 길이 막혀 대문으로 들어가지 못하고 대밭 끝에 길을 만들었다. 그 길가에 가느다란 대나무 잎이 바람에 살랑살랑 흐늘거리는 잎을 보며 어릴 때 생각이 떠오른다. 정월 대보름이면 들을 건너 아랫마을과 윗마을이 불 싸움을 했다. 우리 집 뒤에는 대나무 밭이 있다. 그 대나무를 지키기 위해 대나무를 엮어서 울타리로 둘레를 만들어 세운다. 일 년이 지나면 울타리가 말라서 불이 잘 붙기 때문에 정월 보름이 되면 마구 떼어 한 묶음 만들어 불을 붙인다. 한 줄로 서서 전쟁에 나가는 것처럼 비장해 보였다. 깡통에도 불을 붙여 넣고 돌리며 상대방에게 위협을 주기도 하고 불씨를 가져오면 그 마을이 풍작이 된다는 말을 믿고 두 팀이 싸우는 모습이 뇌리에 스친다.

  2,500평 되는 대나무밭에서 봄이 되면 죽순이 나온다. 어렸을 때 기억이 대나무 사이로 보이는 차 잎을 뜯어 차를 만들어 주셨던 아버지, 또 6.25전쟁 때 친척 오빠들이 대밭으로 숨기도 했던 곳, 아버지 돌아가신 후로 차를 만드는 모습도 맛도 볼 수 없었다.

  봄에 죽순이 나올 때는 들어가서 밟으면 안 되는데 하늘 높이 쭉 뻗은 대나무 잎이 춤을 추며 나를 유혹한다. 대나무 사이사이 빨간 산딸기에 홀려서 또래 친구에게 망을 보게 하고 몰래 들어가 딸기를 땄었다. 치마폭에 담아 아이들과 몰래 먹었던 딸기 맛은 참 달고 맛이 있었다. 대밭 안에는 많은 것이 숨겨져 있고 먹을 것도 참 많았다. 대나무에 신경을 써야 하는데 자연 그대로를 좋아하셨던 아버지, 관리를 잘하면 더 큰 죽순이 나오는 데 어머니도 신경 쓸 마음의 여유가 없었다. 죽순이 쑥쑥 자랄 때 빽빽하게 돋아난 곳은 뽑아낸다. 뽑아낸 죽순은 가마솥에 삶아 초고추장에 무쳐서 먹기도 하고 하얗게 나물도 만든다. 끝물은 다 뽑아 삶아 말린다. 제사상에 올리는 나물은 웃어른만 드리는 음식이었다. 또 늦가을이 되면 진도나 완도에서 매년 대나무를 대량으로 구매하여 자동차에 실어 간다. 그 대나무로 발을 만들어 겨울에 김을 만드는 데 쓴다고 했다. 그때 그 수입으로 생활에

보탬이 되었다고 하셨던 어머니!

　우뚝 솟은 잎 사이로 서서 하늘을 바라보면 참 아름다웠다. 바람에 가느다란 잎이 부딪치는 소리에 여름에도 더위를 모르고 지냈다. 참 추억이 많았던 어린 시절이었다. 기쁨을 주었던 대나무 숲이 어머니 70세 되던 해 그 지방에서 병이 유행으로 번졌다. 큰 대밭이 노랗게 죽어 갈 때 어머니 속이 까맣게 타는 것 같다고 하셨다. 다시 죽순이 올라오는 것을 몇 년을 기다렸지만, 잡풀로 무성했다. 보기 흉해서 할 수 없이 포클레인으로 대밭을 정리하고 정신적으로 힘들어하셨던 어머니 표정이 잊히지 않는다. 그 무렵 어떤 분이 집에 들어오더니 좋은 산소 자리가 보인다고 흘리고 가는 말을 어머니는 귀담아들었다고 하셨다. 그 후 풍수지리 보는 분도 똑같은 말을 했다고 말씀하신 어머니는 집 떠나기 서운하셨는지 집 뒤로 갈 수 있어서 다행이라고 말씀하셨다. 처음은 듣고 이해가 안 되었다. 당연히 아버지 곁으로 가실 줄 알았다. 아버지 어머니는 두 분이 많이 좋아하셨고, 더구나 큰 산 아버지 묘 옆에 가묘도 만들어 놓았는데, 왜 안 가시는지 그때는 이해를 못 했다.

　시간이 지나서 아버지 곁으로 가겠다는 말씀을 돌아가신 후 알게 되었다. 고향을 잊지 않고 딸들이 다니기를 바라셨던 어머니의 의중을 알 수 있었다.

　사랑채 터 옆에 350년이 더 지난 당산나무(전나무)가 있다. 어머니 생전에 밖에 나갔다 집에 돌아와 당산나무를 보면 든든하다고 하셨다. 지금도 웅장한 자태로 어머니를 외롭지 않게 든든하게 지키고 있다.

　지금은 넓은 대밭이 잔디밭으로 되어있다. 어머니 모시기 위해 대나무에 병이 났었나 봐. 우리 자매는 어머니 산소 앞에 서면 이야기를 한다.

　옛날 한옥이라 너무 커서 수리하려면 많은 시간과 돈이 드는데 그 집에서 살려고 하는 사람도 없어서 아쉽지만 할 수 없이 허물기로 했다. 그런데 어느 날 어머니 뵈러 갔더니 안채는 보이지 않고 넓은 공터만 보여서 놀라서 둘러보니 허물면서 안채, 사랑채 터에 쑥돌로 된 우뚝 솟아있는 주춧돌도 흔적 없이 사라졌다. 더구나 어머니 소장품이나 사진 한 장 남김없이 없어진 자리를 보고 섭섭하고 화가 났었다. 집도 고택 집이라 자재들을 버릴 게 별로 없었을 텐데!

　그 공사를 우리한테 날짜를 말하지 않고 해 버렸으니 어머니는 얼마나 서운해 하셨을까? 누가 그랬는지 아시면서 말씀도 못 하신 어머니! 안채, 사랑채, 대밭 언덕에서 공터를 바라보신 어머니는 어떤 마음이셨을까?
　이 넓은 땅 어느 한쪽에 어머니의 흔적을 남겨둘 공간을 남길 수는 없었을까? 우리 자매들이 처리했으면 좀 달랐을 것 같아 착잡한 마음이 스치고 지나간다.
　탐욕을 한다거나 상대방에게 상처를 주면 배로 돌려받는다는 것을 사람들이 다 알 수 없겠지!

2020. 7.

딸의 딸

 뉴욕에서 살고 있는 딸집에 갔다. 장시간 비행했는데 피곤할 줄 알았던 몸은 평소에 운동으로 몸을 다져서인지 가벼웠다. 다음 날 오후 연주회 장소로 갔다. 도착해서 건물로 들어서는데 여러 악기와 노래 연습하는 소리가 들린다.
 들려오는 악기 소리를 들으니 지난 세월 학원을 운영할 때 매년 강당을 대여해서 연주했던 옛 생각이 뇌리에 스친다. 피아노 7대를 강당으로 옮기고 그랜드 피아노까지 8대다. 피아노 한 대에 2명씩 8대에 16명이 앉아서 합주하면 예쁘고 뿌듯했던 시간이었다. 주변에서는 번거롭다고 적당히 하라고 하지만 합주를 하면 보이지 않은 성장이 보였다. 그러한 행사를 할 때 대학생인 큰딸이 많이 도와주었다. 큰딸이 뉴욕에서 매년 1년에 두 번씩 연주하고 있으니 마음이 뿌듯하다.

딸은 S대 다니면서 입시 하는 학생을 여러 명 가르쳤고 음악학원 했던 나를 도와주며 학부형과 대화했던 경험이 지도하면서 도움이 된다고 한다.

연주회를 성황리에 끝내고 나서 교육 신념과 지도에 확신을 가지고 말하는 딸이 대단해 보였다. 자식이 잘해야 남도 잘 가르칠 수 있는데 다행히 엄마한테 배우는 손녀가 바이올린도 잘한다. 기회가 되면 공부를 더 하고 싶다고 하는 딸. 가끔 대학전공 과목을 잘못 선택했나 후회할 때도 있었다.

중학생 손녀가 골프 하면서 시간이 맞지 않아 딸은 학교에 출강을 그만두고 집에서 가르치고 있다. 요즘은 바이올린 전공하기를 잘했다며 지금 생활에 만족하다고 한다.

다음 날 금요일 손녀 졸업식에 초대받았다. 한국에서 중2 학년인데 미국은 졸업이다.(초등 5년, 중등 3년, 고등 4년 졸업) 미국 학생보다 한 살 어리고 체격이 작아서 1년을 늦추려고 했는데 교장 선생님이 잘하고 있는데 그냥 보내라고 했다고 한다.

공부 잘하는 학생이 가는 스타이브슨 고등학교를 골프까지 하려니 시간이 부족하여 골프도 할 수 있는 사립 고등학교로 부모는 보내려고 했다. 손녀는 두 가지 할 수 있다고 한다. 결국 스타이브슨 학교에 다니기로 했다.

딸이 힘들게 박사 공부할 때 손녀를 가졌다. 결혼 6년 되던 해다. 좀 더 있다 자녀를 낳으려고 했지만, 생명을 주신 거에 감사한 마음으로 공부하며 힘들게 낳았다. 박사학위 받고 한국 집에 첫 손녀를 데려오니 오랜만에 아기 울음소리가 들린다. 자녀한테 무섭게 대하던 외할아버지는 손녀를 보자마자 앞으로 업고 밖으로 나간다. 그 모습을 보고 가족은 놀라며 저럴 수가!

  사위가 홍콩에서 3년을 근무하는 동안 손녀는 한국에 자주 왔다. 일본 도쿄로 가더니 1년 후 일본 지진 여파로 직장에서 본국으로 보내 주었다. 미국에서 2달 지나 사위는 일본으로 가고 딸과 손녀는 한국으로 와서 3개월 머무는 동안 영어 유치원을 보냈다. 한국 나이로 3살이고 어려서 남에게 해를 끼치지 않으면 자유스럽게 놀도록 했었다. 손녀는 홍콩에서 도우미 젊은 언니와 적응을 잘했는데 일본에서는 아주 머니마다 맞지 않아 딸이 힘들어했다. 딸 연주 있을 때는 외할아버지가 일본으로 건너가 손녀를 봐주고 연주가 끝나면 돌아온다. 많이 놀아준 손녀와 친해져서 한국에 오면 할아버지와 잠자리채를 가지고 다니면서 즐거워하는 모습이 눈에 선하다. 자녀한테는 엄격하면서 손녀한테는 뭐든지 통과다. 5세에 미국으로 건너가 여름방학마다 다녀가고 초등 2학년 7월 31일 방학 때 외할아버지는 먼 곳으로 가셨다. 할아버지 소지품을 나에게 허락 받고 가져간 손녀, 그 뒤 가족 여행을 가면 언제나 소리 나는 할아버지 소지품을 챙겨 모시고 여행 간다니 보는 우리는 할 말을 잃었다.

내가 미국에 잠깐 있는 동안 2학년 10월 학교에서 학부모 수업 참관을 했다. 세계지도를 각자 부모와 색을 칠하고 끝난 다음 지구본을 만들어 선생님이 체크하고 집으로 가져왔다. 그 수업을 함께 하면서 미국 열린 교육을 생각하게 하는 나의 시간이기도 했다.

손녀가 2학년인데 책을 가지고 다니면서 읽는다. 책을 읽다 보면 학교 준비물도 제대로 챙기지 못하고 늦어서 매일 엄마와 뛰어가는 걸 보면 정신이 없다. 결국 간식은 엄마 담당이다. 1주를 지켜보다 못해 할머니인 내가 손녀에게 어렸을 때 엄마 이야기를 동화처럼 재미있게 해주고 스스로 판단하도록 했다. 그리고 2주간 토론토 아들 집에 머물고 있는데 딸이 전화를 했다. 혼자서 학교 준비물을 챙기고 엄마 손잡고 천천히 학교 간다며 흥분해서 말하는 딸, 그 소식에 반가웠다.

이듬해 3학년 봄방학 때 미국의 최초 수도 필라델피아에 가자고 한다. 손녀가 역사에 대해서 배우게 되는데 책이나 말로 듣는 것보다 직접 보이려고 갔다. 맨해튼에서 승용차로 2시간을 달려 목적지에 도착했다. 호텔에 짐을 풀고. 리딩 터미널 마켓에서 유명하다는 핫도그를 먹고, 벤자민 프랭클린 박물관을 관람한 뒤 역사 공원으로 갔다.

역사공원 안에 사람 크기만 한 인형들이 영국 옛 정치인 옷을 입고 노란 가발을 쓰고 여러 자세로 세워져 있었다.(영

국 사람들이 미국을 건국했음을 알 수 있었다.) 안으로 들어가 자유의 종과 역사를 들으며 둘러본 다음 국회의사당으로 갔다. 인원이 제한되어 들어갔다. 해설하는 분이 조지 워싱턴에 관해서 설명하고 벤자민에 대해서도 설명하는 것 같았다. 설명이 끝난 후 여행객에게 물어보았는지 젊은이들이 손을 드는데 앞에 어린 손녀가 손을 번쩍 든다. 해설사는 웃으며 손녀에게 묻는다. 거침없이 쏟아내는 손녀 말이 끝나자 박수와 시선을 받은 손녀는 3학년이다.

그랬던 손녀가 중학교 졸업 때 졸업생 대표로 연설한다니 뿌듯했다. 입학시험 치르고 들어간 백인이 다수인 경쟁이 심한 중학교라 맏은 손녀를 보내기 전에 고민했었다. 그런데 들어가자마자 반장을 하게 되고, 학교 대표로 토론회에도 나가고, 학교 행사 때 한복을 입고 한국을 알리기도 했다. 졸업식에 연설할 때도 동양인이라고 타 학교 학생이 '비하 발언'을 하는데 흔들리지 않고 웃으며 재치 있게 말하는 손녀, 순발력이 대단했다. 말이 끝나자 바로 졸업생과 학부모님들의 박수 소리에 기분이 좋았다. 연설 도중 박수를 몇 번을 받으며 마무리하고 미소 지으며 단상에서 내려와 자리에 앉는다. 졸업식 문화도 한국하고는 아주 달랐다.

오후 6시~9시 졸업생들이 모두 예쁜 드레스 입고 크루즈 선상에서 파티를 한다. 끝나고 손녀는 밝은 표정으로 할머니~ 하고 힘차게 뛰어오고 있다.

2022. 6.

삶

1985년 4월 중순 새벽 2시 남대문 시장에 갔다. 새벽길은 조용하고 컴컴하다. 무서워하면서 목적지에 도착했으나 대로변 두 차선에 관광버스가 줄지어 서 있다. 시장 안에 들어가지도 못하고 주위를 두 바퀴 돌며 좀 더 일찍 왔으면 좋았을 텐데 다시는 이런 실수를 하지 않으리라, 생각하며 돌아갔다.

딸 둘을 낳고 아들을 낳았다. 돌이 지나고 바로 시동생 결혼식을 했다. 지방에서 올라오신 부모님이 열흘간 우리 집에서 머물렀다. 결혼식 끝나고 열흘 동안 손님을 치른 뒤 마지막 날 의견 충돌로 가족끼리 큰소리가 오갔다. 그 충격으로 며칠이 지난 뒤 신경성 우울증이 나에게 왔다. 바라던 아들을 낳았는데도 좋아할 새도 없이 정신적으로 힘들었다. 단독주택에서 애들 셋 기르기 힘들다면서 언니, 동생이 강남에 살고 있으면서 아파트로 이사 오라고 나에게 권했다.

그 무렵 대치동이 유명하지 않았고 주변에 논과 밭이 있어서 애들이 관찰하며 공부하기도 좋았다. 또 초등학교 주변에는 코스모스밭이 아름답게 피어 마음을 사로잡았던 주변이 지금은 정리가 되어 양재천 둑길로 유명하다. 그때는 매봉역 주변에 논밭이 있어서 벼도 심고 딸기밭도 있어서 애들한테는 자연 관찰하기 좋았다. 겨울철에는 빈터에 물을 얼려서 썰매나 스케이트도 타면서 즐기고 놀았던 아이들. 한곳에서 30년을 살고 보니 유명한 곳이 되었다.

이사 와서 깡마른 여자가 약국을 자주 들락거렸다. 몇 번 보고 안쓰러웠는지 중년 여자 약사분이 나에게 "뿌리가 튼튼해야 나무가 잘 자라듯 엄마가 건강해야 자녀들이 잘 자라요. 마음에 남아있는 앙금 있다면 품고 있지 말고 버리세요. 그리고 남대문 새벽시장을 가 보세요. 가 보시면 그들의 삶을 볼 수 있답니다." 힘이 없어 보이는 내 모습을 보면서 "당신만 생각하세요." 불쌍해 보였는지 친절하게 말을 해준다.

시댁 일을 누구한테 말할 수 없었다. 남부끄러워 말도 못하고, 혼자 냉가슴을 앓다가 결국 가슴이 멍들기 시작했다. 가슴에서 손바닥만 한 부채가 벌렁거리면 미친 듯이 마당으로 뛰쳐나와 소리 지르지도 못하고 마당을 뱅뱅 돌며 참을 수 없을 때 남편한테 전화한다. 나 미칠 것 같아 말을 하지만 전화로 위로받고 두 시간 지나면 원상태다. 그 생활이 1년 동안 계속되었다. 나 자신이 싫어서 혼자 얼마나 울었던가. 생각하면 끔찍했다. 약을 복용하면 정신이 몽롱해서 정신을 못 차리고 졸고 있는 나를 발견한다. 그러면서 1년 2년 3년이 될 무렵 좀 나아지기 시작했다. 결국 먹는 약을, 중단했다. '너는 아픈 것이 아니야. 신경성이니 정신 차려, 혼자서 다짐하며 보냈던 시간.

불면증이 같이 왔으니 잠을 자지 못했다. 밤이 되어 잠을 자려고 누워 있을 때 어떤 얼굴이 떠오르면 경기가 난다. 온몸이 뒤틀리고 덜덜 떨면 남편이 꼭 껴안아 주어도 멈추지 않고 시간이 지나서야 마음이 진정되면서 멈춘다. 밤이 되면 무서웠다. 그 뒤 사람들도 싫었다. 겨우 우리 애들 가르치면서 시간을 보낸다. 나는 죽을 것 같았다. 내가 죽으면 우리 애들을 누구한테 맡기지 하면서 울었던 시간. 지금 생각하면 끔찍한 시간이었다.

두 번째 새벽시장을 1시경에 갔다. 이번에는 일찍 가서 시장 속으로 가려고 주차를 하고서 안으로 들어갔다. 입구 쪽에 가볍게 먹을 수 있는 식당이 있었다. 길목 음식점 앞에 많은 사람이 따끈한 우동을 먹으려고 기다리고 있다. 가게 안에는 김이 모락모락 춤을 춘다. 하얀 김 사이로 활짝 웃고 이야기하는 모습이 정겹게 보인다. 저분들은 무슨 말을 할까? 좋은 일들이 있어서 웃고 있을까?

또 빠른 걸음으로 열심히 걷는 모습들을 멍하니 보고, 나는 뭘 보러 온 거야. 아무 생각 없이 걷다 보니 지하로 내려가는 계단이다. 많은 인파에 휩쓸려 들어가다 계단에서 멈추었다. 한참 서서 내려다보았다. 바쁘게 움직이는 사람들, 가게 앞에는 검은 비닐에 담은 봉지가 층층으로 올려있어 유심히 바라보니 옷들을 담아 가게 앞에 쌓아 놓고 있다. 지방에 관광버스로 실어간다고 한다. 새벽 시간에 열심히 사는 모습을 보고 나는 뭘 하고 있는지 생각하다 옷을 사고 싶었다.

가게에 바지정장 상하에 2만 원이라고 적혀있다. 왜 이렇게 싸지? 혼잣말이 들렸는지 주인이 듣고서 너무 작아서 맞는 사람이 없다고 한다. 그 정장을 샀다. 집에 와서 입어보니 나에게 맞춤옷처럼 딱 맞다. 주변에서 좋다는 소리를 들으며 잘 입었다.

새벽에 커피 파시는 분, 뜨거운 음식을 양은쟁반에 놓고 머리에 이고 붐비는 사람들 사이사이 다니며 배달하는 분들의 열심히 생활하는 모습을 보면서 참 대단하게 느껴졌다. 치열하게 바쁘게 사는 모습을 보고 남을 의식하며 안일하게 살았나 싶었다. 바쁘게 살아가는 사람들의 삶을 보면서 나 자신을 뒤돌아보는 시간이기도 하다.

2021. 10.

아빠에게 상을

2005년 3월 젊은 신사는 어린 사내아이를 데리고 왔다. 어려 보였는데 아빠였다. 어린이는 방마다 다니며 피아노 건반을 두드리고 다닌다. 한숨을 쉬며 민망해하는 아빠는 묻지도 않았는데, 대학 CC로 일찍 결혼해서 어린애를 낳고 보니 돌봐 줄 사람이 없어서요,라고 한다. 아빠는 연금공단 본사에서 근무하는데 1층에 어린이집이 있어서 보내고, 퇴근할 때 데려온다고 한다. 엄마는 먼 거리에 있는 H 은행에 출근했었다.(그 무렵 은행은 보통 밤 10시에 퇴근하고 아침 일찍 출근했었다.) 일요일에 쉬고 싶어 하는 엄마, 아들 거친 행동을 보고 큰 소리로 짜증내는 아내 모습을 매주 보고 있으려니 아빠는 힘들다고 한다. 주말에만 엄마 얼굴을 볼 수 있는데 엄마 정에 굶주렸던 아들은 관심 받으려고 거친 행동으로 표현한다. 부모는 경험이 없으니 생각을 못 하는 것 같다. 직장에

서는 유능한 엄마라고 말하는 아빠 모습이 안쓰러워 보였다. 우리 애가 많이 산만합니다. 부탁하고 돌아서 가는 뒷모습이 쓸쓸해 보였다. 버릇을 쉽게 고칠 수 있는 아이가 아닐 것 같아 고민이 되었다.

 보통 산만한 애들 지도할 때 첫째, 학생 눈동자를 보면 알 수 있고 둘째, 비교하지 않고 셋째, 학생과 말을 할 때는 눈을 마주 보고 넷째, 길게 말을 하지 않고 다섯째, 단계별로 짤막하게 말하고 여섯째, 일대일로 대화를 나누고 일곱째, 기다린다.

 경험으로 보아 길게는 6개월 정도, 보통 어린이나 학생들은 보다 J 어린이는 시간이 더 걸릴 것 같았다. J 학생은 호기심이 많고 머리가 비상하다. 말을 잘하고 선생님께 따진다. 그뿐만이 아니다. 어린 여자아이들을 괴롭히고 다치게 해서 병원 가는 날도 다반사, 아주 산만한 어린이였다.

 내가 힘들다고 학생을 그만두게 할 수 없었다. 변화를 지켜보면서 혹시나 하고 1학년 5월 첼로를 안겨 주었더니 20분을 의자에 앉아 있지 않은가. 3권까지는 20분 수업이다. 그런데 악보를 잘 보면서부터 레슨 선생님하고 말장난하며 약을 올린다. 피아노를 그만두게 했다. 그리고 4학년 봄 학교 오케스트라 첼로 단원이 되었다. 그때 첼로 4권을 마치고 5권을 해야 하는데 포지션이 어려워 또 잔머리를 굴리는 학생, 그리고 학교 오케스트라 곡만 하겠다고 고집을 부린다.

악보를 잘 보아서 오케스트라 곡을 레슨 받지 않아도 할 수 있어서 그만 배우자고 했다. J 학생은 당황하는 빛이 보였다. 모른 척하고 집으로 보냈다. 아빠한테 전화가 왔다. 상황을 설명하고서 적당히 시간을 보낼 수 없어서 제 교육은 여기까지입니다,라고 했다. 때에 따라서 학생이나 부모한테 단호하게 말하고 스스로 결정할 수 있게 시간을 주는 것도 좋은 방법이었다.

다음 날 아빠한테 전화가 왔다. 5권을 하기로 했다면서 죄송하다고 말하는 아빠. 보통 아빠 같으면 그만두었을 텐데 어려운 고비를 또 넘기게 됐다. 초등학교 때 방학하면 점심시간을 직장에서 동료들과 하지 않고, 나와서 아들과 점심을 먹고 직장으로 돌아가는 아빠. J 학생은 워낙 산만한 학생이라 학교에서도 유명했다. 학교에서 문제 있으면 해결하는 아빠, 본사에서 계속 근무할 수 있었는지 중학교 졸업하고 고등학교 때 진급해서 지방으로 갔었다. 참 대단한 아빠였다.

어려서는 어린 학생들을 괴롭히더니 좀 커서는 학생들은 괴롭히지 않고 레슨 날은 애들 신발을 4층 복도 창밖으로 몰래 던지고 간다. 또 학원 고정 문을 열어놓아 밤중에 경비 아저씨한테 연락이 오면 밤길을 몇 번을 운전했던 기억, 나를 많이 힘들게 했던 J 학생이었다. 관심을 받고자 그렇게라도 풀고 있는 학생을 뭐라 할 수 있겠는가? 참고 기다릴 수밖에.

토요일 레슨 할 때는 엄마도 참여하도록 했다. J 학생 얼굴은 밝은 표정이었다. 그 모습을 보고서 토요일 레슨을 한 달에 한 번은 하도록 선생님께 부탁했었다. 5학년 12월 발표회 때 첼로 바흐 프렐류드 무반주를 독주로 아주 잘했다. 그 후 학교에서나 주위 사람들한테 칭찬받더니 자신감이 있어 보였다. 그리고 어려움 없이 5, 6, 7권을 하면서 6학년 봄 첼로 선생님이 레슨 하고서 당황스러워할 정도로 어른스러워졌다고 말했다. 갑자기 변할 수도 있나 하고, 부모님 관심에 엄마도 노력했겠지만, 아빠의 꾸준한 노력이 빛을 보지 않았나 싶다.

　초등 1학년 때 방과 후 영어학원을 보내는데 공부하는 교실에서 매번 쫓겨나오는 모습을 몇 번을 목격했다. 그러다 보면 더 나빠질 수도 있어서 아빠한테 머리가 좋으니 본인이 하고 싶어 할 때 보내면 좋겠다고 말해주었다. 그리고 그 후 6학년 여름방학 때 본인이 원해서 영어학원을 다녔다. 그리고 겨울방학 때 수학을 다녔다. 다른 학생보다 한참 늦게 공부학원에 다녔지만, 중학교 첫 시험에서 소수점 차이로 3등을 했다. 계속 공부는 상위권이었다. 첼로는 고2 때 마지막 연주, 전공도 할 수 있는 수준이지만 J 학생은 자유로운 영혼이기에 전공은 아니었다. 레슨을 고3, 1학기까지 하고 공부를 정리해서 마지막 시험을 잘 보도록 했다. 그런 학생이 가고 싶은 학교와 전공과목을 수시로 합격했다.

지난날들이 바라는 모습으로 되지 않아 좌절할 때도 있었다. J 학생은 사춘기를 4, 5학년 때 빨리 보냈는지! 그 후 사춘기 없이 중학교 때(오케스트라 단원) 고등학교를 잘 보냈다.

피아노 5년 첼로 11년을 배운 학생이 바르게 자라주어서 고맙고 나를 믿고 보내준 부모님 특히 아버지 인내심과 노력에 상을 드리고 싶었다. 정말 대단한 분이었다.

첼로로 대학교 교내 비전공 오케스트라 단원이 되었다. 또 바이올린, 첼로. 비올라 5명이 모여서 연주하는 모습을 유튜브에서 보았다. 타 학교 학생들과 모여서 한다니 마음이 뿌듯하고 보람을 느꼈다. 더 자랑스러운 건 2020년 대학 2학년 여름방학 지나고 가을에(11월) 건강한 몸으로 군 복무를 하러 간다니 대단하고 든든했다.

어린이들을 가르치는 데 인성교육이 중요했다. 그다음이 음악이었다. 지도하다 보면 성적도 좋아진다. 지난날 돌아보면 자녀의 거울은 부모인데 하는 아쉬움이 많았던 시간, 올바른 가정교육이 중요하다는 것을 요즘 더 느낀다.

2020. 12.

어린 꾸러기

　상가 건물 4층은 학원 층이고 우리 교실은 맨 끝에 있다. 엘리베이터에서 내리면 학생들이 먼저 오려고 소리 지르고 뛰어온다. 그 모습을 보면서 내 원생 인성교육부터 지도하기로 했다. 교실 문 앞에 서서 소리 지르며 뛰어오는 학생들을 다시 엘리베이터 앞으로 보낸다. 그리고 걷는 것부터 인사하는 버릇을 매일 지도했다. 날이 지날수록 달라지는 모습이 보였다. 될 수 있는 한 '하지 말라'는 단어를 사용하지 않으려고 했다. 고학년 타 원생들이 4층 통로에서 소리 지르고 뛰어다니면 문 앞에 나와 서서 한참 그 학생들을 물끄러미 바라본다. 나를 본 다음 슬그머니 가 버리는 학생들. 짓궂은 학생은 "왜 봐요?" 하고 묻는다. "예뻐서 보는데 큰소리쳐도 괜찮아." 웃으며 이야기하면 쑥스러워하면서 인사하고 가는 학생도 있다. 지도하다 보면 달라지는 모습들이 재미도 있었다.

그 층에서 일하는 분 중 내 나이가 많았다. 생각지 않게 원장님 실수도 가끔 있다. 옛날 건물이라 시설이 좋지 않았다. 옆 학원에서 에어컨을 설치했다. 덥다는 생각만 하고 설치했는지 배관을 통로로 빼고 물 받은 통을 놔두었다. 안에서는 시원하게 수업하겠지만 사람이 다니는 길에 배관 물이 넘치거나 그대로 있지 않고 엎어져 흥건할 때가 가끔 있었다.

엎어진 물통을 보고 원장님이 나와서 누가 그랬느냐며 눈을 크게 뜨고 두리번거린다. 지나가는 학생한테 큰 소리로 불호령 하는 소리를 듣고 안 되겠다 싶어 그 원장실로 찾아갔다. 사람이 다니는 통로인데 당연히 안에 설치해야지! 나도 발로 차고 싶어지는데 호기심이 많은 어린 학생은 당연히 발로 차고 싶지! 큰 통로가 아니니 배관을 교실 안으로 넣었으면 좋겠다고 했다. 그랬더니 교실에서 화장실까지 거리가 멀고 복잡하다고 한다. 멀면 얼마나 멀고 복잡하면 얼마나 복잡하겠는가. 시원하게 수업하려면 그만한 일은 감수해야지! 밖에다 설치는 좀 아니니 잘 생각해보라고 하고 나온 뒤 며칠 지나서 치워졌다. 애들 잘못을 탓하기 전 상황을 잘 판단하고 꾸중해야 했다. 편리한 것만 생각하게 되면 부작용이 생기기 마련이다 어른도 잘 판단해서 행동해야 한다는 것을….

처음 지도 과정에서 유난히 눈에 들어오는 초등학교 2학년 여학생이 있었다. 뭐든지 자기 마음대로다. 개인지도하면 불쑥불쑥 일어나 문을 열고 나가기도 하고, 말을 버릇없이 해서 지도 교사는 못 가르치겠다고 한다. 다음 날 피아노 지도하는데 갑자기 불쑥 일어난다. 숙의를 불러 세워 화장실 가고 싶니? 물으니 하기 싫어서 일어난다고 한다. "그래 억지로 할 수 없지. 그런데 엄마는 교육비 내셨는데 안 한다니 누가 손해인지 모르겠네. 선생님은 편해서 좋은데 잘 생각해 보세요." 그날은 이론만 풀고 집으로 보냈다. 그다음 날부터 일어나는 버릇은 없었다. 말만 했을 뿐인데 참 신기했다.

 담임제로 하고 문제가 생기면 내 방으로 보내세요, 하면 눈치를 채고서 달라지는 학생도 있었다. 학생 개개인을 믿어 주고 인정해주는 것이 가르치는데 가장 좋은 무기였다. 5세 어린이도 잘못한 행동을 꾸짖는 것보다 조용히 설명해주면 눈을 굴리며 태도가 달라지는 모습이 재미있고 귀여웠다.

 숙의는 사납게 말을 해서 상대방의 기분을 나쁘게 하지만 약자를 괴롭히지는 않았다. 학원에 오면 문을 부서지도록 꽝 닫는 버릇이 있어서 타일렀더니 고쳐졌다. 집에서 하는 버릇이 달라졌는지 엄마는 나한테 와서 외동딸이라고 부탁했다.

 거칠게 말을 하고 행동할 때 지난번처럼 내 방으로 들어오게 했다. 그리고 하는 행동을 그대로 보여주었다. 또 도우미 아주머니에 대해 스스로 판단할 수 있게 설명해 주었다. 처음에는 웃더니 시무룩한 표정이다. "어때 선생님 하는 행동이 보기 좋아요?" 보기 싫다고 하는 숙의! "그럼 어떻게 하면 좋을까?" 눈을 깜박거리며 쑥스러운 듯 머뭇거리더니 고개를 숙인다. 그때 귀에 대고 귓속말을 듣더니 방긋 웃는다. 형제가 없어서인지 좋아하는 숙의, 그리고 몇 개월이 지났다.

그 후 예의가 바른 학생이라고 칭찬받기도 하고 또 학교에서도 좋은 모습으로 달라졌다고 한다.

5학년 말 숙의는 신도시 분당으로 이사를 하면서 나를 찾아와 아쉬워하며 인사하고 떠난 뒤 소식이 없었다.

몇 년이 흘렀을까? 숙녀가 찾아왔다. 예쁜 숙녀를 알아보지 못하니 5학년 때 분당으로 이사한 숙의라고 한다.

처음 지도했던 학생이어서 궁금했다. 그런데 여기서 6년 동안 배운 실력으로 전공을 선택하는 데 큰 도움이 되었다고 말하는 숙의, 보육학을 전공하여 어린애들 가르치겠다고 한다. 대견스러웠다. 자랄 때는 꾸러기였는데 잘 자라서 하고 싶은 길을 가는 걸 보니 마음이 뿌듯했다.

어렸을 때 길을 잡아 주고 커서 바른길로 간다면 뭘 바라겠는가? 지금도 사회가 많이 변했지만, 가정이나 사회에서 학생들을 관심과 사랑으로 안아 준다면 좋을 것 같다. 힘들 때보다 기쁨이 더 컸던 순간들을 생각하면서.

2022. 4.

회혼례

 11월 중순쯤이면 잎이 떨어지고 바람이 스며들어 움찔해지는 계절인데 올해는 따듯한 봄 날씨처럼 포근하다. 외출하기에 좋은 날씨다. 형제들 생일이 되면 모여서 식사를 하고 차를 마시며 담소를 나눈다. 오늘 제부 생일날 차를 마시며 담소를 나누다 갑자기 생각나셨는지! 셋째 형부는 "내년이면 결혼 60주년이야 세월이 빠르네." 하신다. 예전에는 미국 출장 가는데 시험에 합격해야 하고, 합격했어도 영어 회화를 배우고 통과해야 해서 참 어려웠다며 "요즘은 참 좋은 때야."라고 한다.

 그 이야기를 듣고 보니 셋째 언니 약혼했던 그 시절이 뇌리에 스친다. 고등학교 3학년 겨울방학 인천 앞바다가 얼고 걷기도 힘들 정도로 지독하게 추웠던 겨울이었다. 형부와 언니는 8년 차이다. 언니도 늦은 결혼이라 서둘러 약혼을 하는 바람에 추운 겨울 어머니는 약혼식을 보기 위해 서울에 가셨다. 약혼식이 끝나고 오신다고 하는 날 눈이 펑펑 쏟아져 무릎 위까지 내렸다. 어머니 혼자 오시는 줄 알고 넷째 언니는 나에게 마중 나가라고 했다. 10리나 걸어서 버스 정류장인 사창이란 곳에서 막차를 기다리고 있는데 눈이 많이 와서 버스는 없다고 했다. 그 근처에 먼 친척이 살고 있지만 평소에 다니는 집이 아니어서 어머니도 당연히 안 가실 줄 알았다. 큰길가 진천동이라는 마을에 큰고모가 살고 있어 거기서 머무나 싶어 캄캄한 밤길을 또 10리나 걸어서 갔다. 집 앞에서 고모 하고 불렀다. 자다 일어나 "이 밤중에 웬일이냐 세상에?" 하고 깜짝 놀란다.

그다음 날 집에 갔더니 어머니와 셋째 언니는 집에 와 있었다. 눈이 너무 많이 와서 사창 친척 집에서 자고 왔노라고 한다. 그 소리를 듣는 순간 방으로 들어가서 얼마나 울었는지! 그런 나를 보고 어머니는 어쩔 줄 몰라 하시며 고생했다고 미안해하시는데 셋째 언니는 미련하게 갔다고 오히려 성질을 낸다. 춥고 무섭고 힘들었는데, 지금 생각해 봐도 화가 난다.

이듬해 봄 셋째 언니가 1964년 4월에 결혼했다. 조선호텔에서 화려하게 하룻밤을 보내고 온양온천으로 신혼여행을 다녀왔다. 형부는 내각 사무처에 근무하실 때 결혼하셨고 좀 지나서 개편하여 총무처로 되어 교육훈련과에 근무하셨다.

돈에 대해서 관념이 없으셨는지 월급이 나오면 이자로 다 나가고 생활비가 없어서 언니는 기가 막혀서 말이 안 나왔다고 이제야 말을 한다.

 월급이 언니 손에 들어가면 나오지 않아 힘들었다고 말씀하시는 형부, 그때는 나도 답답했는데 지금에야 언니 말을 듣고 보니 이해가 갔다. 잠깐 애 좀 봐 달라고 하고는 언니가 늦어 가끔 조카를 업고 저녁밥을 할 때가 한두 번이 아니었다. 그 시간에 언니는 누구에게도 말하지 않고 지금의 알바처럼 한참 바쁜 시간대에 일하고 왔다고 한다. 그때는 이야기할 수 없었지만, 이제는 말을 할 수 있다고 하는 언니, 결혼하기 전에는 예쁘고 멋을 아는 명동 멋쟁이였다. 시골에 내려오면 발 마사지하는 셋째 언니를 보고 넷째 언니가 비아냥거리는 말을 듣고 가끔 싸웠다. 어머니 큰 소리 듣고서야 조용해진다. 두 언니는 욕심도 많고 생활력이 강하다. 두 사람은 잘 싸우기도 하고 잘 풀어지기도 하면서 서로를 챙기는 가장 친한 사이다.

 부수입이 없었던 형부는 결혼하고 월급 외 일본어 번역을 해서 생활비를 보충하셨다. 일제강점기 때 광주 제일 중·고등학교(7년제)와 서울대학교를 나왔다.

 또 미국 출장 갈 때는 공항까지 따라 나온 직원들의 환송을 받으며 떠날 정도로 대단했다. 교수 집에서 숙박하게 되어 하숙비도 고스란히 남아 언니한테 전해졌다. 그런데도 돈을 불리겠다고 빈 병 수집하는 아주머니한테 돈을 빌려주었다가 부도가 나서 받지 못하게 되자 한 말짜리 빈 소주 독이라도 가져가야겠다고 굴리고 가던 언니였다. '쓰지도 못할 독을 왜 가져가느냐'는 나의 말에 언니는 연세대 정문 조금 못 미친 곳에다 소주 독을 버렸다. 그나마 빌려준 금액이 많지 않아서 다행이었다. '돈을 떼인 자는 발 뻗고 살아도 떼먹은 자는 편히 살 수 없다'라는 말을 언니는 늘 조심했다고 한다.

형부가 일본에 갈 때 악보를 부탁했더니 일본 사람이 플루트에 관한 책을 다 사주어서 가지고 오셨다. 늦은 나이에 배우고 있는 나를 이해해주는 것 같아서 기뻤다. 그래서 더 열심히 했던 것 같다. 배울 때 언니들이 반대했는데 "너희들한테 돈 달라니? 본인이 벌어서 배우겠다는데 너희가 왜 반대하니?" 하는 어머니 말 한마디에 언니들도 더는 반대하지 않았다. 매사에 현명한 어머니는 항상 내 편이었다.

장모님 보고 결혼했다는 다른 형부들도 어머니께 잘했는데, 자상하신 셋째 형부는 해외 출장을 가면 어머니한테 엽서나 편지를 써서 우편으로 보내주고 시골집에 오시면 부엌문을 열고 어머니께 말씀하시는 참 다정다감하신 분이다.

정년퇴임 후 중앙 연수원에 일본어 교수로 강의도 하셨다. 성품이 조금 느리고 긍정적이어서 건강하신지, 바둑과 책을 보시며 여유 있는 시간을 보내고 계신다.

모든 고비를 잘 보내고 두 분 다 건강하다. 또 3남매 자녀도 잘 자랐다. 내년에 60회 회혼례를 축하할 일만 남았다. 건강을 유지해서 10년 후 70주년 '금강석혼식'에도 볼 수 있기를 기대해 본다.

2022. 12.

음악과 청춘

TV에서 슈퍼밴드 경연대회, 싱어게인 경연대회를 보면서 음악을 즐기는 젊은 사람들이 대단해 보였다. 노래와 악기를 다루는 모습이 신처럼 보인다. 젊은 날 음악에 빠져 시간 가는 줄 모르고 지냈던 날….

시골 학생이 서울에서 고등학교 음악 수업을 들을 때 피아노 반주에 맞춘 선생님의 아름다운 소리에 감동을 받았던 여고생. 2학년 말 서울토박이 친구를 알게 되었다. 그 친구는 대학 작곡과를 미리 정하고 피아노 레슨을 받으러 가는데 나도 친구 따라가서 배우고 싶었다. 하지만 그 무렵 딴따라라고 하여 주변에서 반대할까 봐 말도 못하고 포기했다. 대학을 다니면서 자유로운 생활을 하고 듣고 싶은 음악을 들을 수 있어서 좋았다.

1964년 무교동 르네상스 클래식 음악다방이 있었다. 1주일에 두 번씩 원하는 음악을 DJ에게 신청하면 들려준다. 혼자서 곡을 들으며 아름다운 숲속과 평야를 상상하며 즐겼던 시간이 나의 소중한 시간이었다. 명동국립극장에서 국립오케스트라 연주회가 열리면 여러 종류의 악기를 보고 소리를 감상할 수 있었다. 그때 신문 하단 구석에 연주회 할인 티켓이 나온다. 그 티켓을 오려 가면 할인받아 연주회를 볼 수 있었다. 혼자서 악기 소리를 들으면서 상상하고 즐기는 그 시간이 나에게 행복한 시간이었다.

지금은 세종문화회관, 예술의전당과 크고 좋은 공연장이 많지만 그땐 명동국립극장이 제일 좋았다. 지금도 명동에 가면 묵묵히 그 자리를 지키고 있다. 요즘 뮤지컬, 어린이들 공연, 다양하게 쓰이고 있어 그 건물을 보면 옛날 생각이 나서 참 좋다.

1964년 무렵 트위스트 춤이 유행해서 영화도 나왔다. 다음엔 림보 춤이 들어와 한참 유행이었다. 친구 권유로 그 음악만 나오는 다방에 갔다. 젊은이들이 뿌연 담배 연기 속에서 몸을 신나게 흔드는 모습을 보고 나는 답답해서 나왔다. 여대생들도 새로운 음악에 빠지고 남자들 장발머리가 한참 유행했던 그때 고전 음악을 좋아하는 나는 가요나 가수도 잘 모르고 언제나 혼자 다녔다.

대학교를 졸업하고 초등학교 교사가 되어 음악 수업을 할 때 반주를 할 줄 몰라서 당황했다. 그런 나에게 음악 수업

잘 하시는 남자선생님이 다가와 수업을 바꾸어서 하자고 했다. 수업을 부탁하고 그 선생님 반으로 가서 교과 수업을 했다. 그런 다음 교사로서 부족함을 느끼고 반주를 먼저 배우기 시작했다. 그 후로 퇴근하고 하루에 서너 시간 3개월간 연습을 했더니 음악 수업을 직접 하게 되었다.

오르간으로 배울 무렵, 학교에 플루트 하시는 분이 있었다. 배우고 싶은 마음에 악기를 먼저 샀다. 그리고 그분께 부탁을 하고 배우기 시작했는데 교본을 구하기 어려웠다. 그 때 마침 일본에 출장가시는 형부께 플루트 교본을 부탁드렸다. 고전음악을 좋아하셨던 형부는 책을 20여 권이나 사다주었다. 형부 아니었으면 책 구하기가 어려웠을 때였다. 그래서 더 열심히 했던 것 같다.

내가 근무하는 학교가 큰 학교인데도 피아노가 없었다. 마침 1968년 여름 재일교포 분이 피아노를 학교에 기증한다는 말을 듣고 오르간 음악수업을 피아노로 할 수 있어서 얼마나 기뻤는지 지금 생각해 보아도 행운이었다.

기증받은 피아노는 귀한 물건이라 교장실에 모셔 놓았다. 음악 교실이 없고 일반 교실에 둘 수 없기 때문이라는 말을 듣고 실망했다.

교장실에 귀하게 모셔 놓은 피아노에서 연습할 수 있는지 교장선생님께 말씀드렸다. 그리고 퇴근 후 캄캄한 밤 넓은 중간 운동장을 지나 무서움도 잊은 채 밤 12시 또는 새벽 5

시에 일어나 연습했다. 선생님들이 식사는 언제 하느냐며 굴뚝에 연기가 피어오르는 것을 못 보았다고 놀린다. 지금 생각하면 그때 어떻게 그렇게 열심히 했을까?

구례에서 배우고 고향에 있는 모교로 가면서 피아노를 사서 집에 놓고 연습했다. 플루트는 광주에 선생님이 없어서 전공한 분을 어렵게 찾아 목포에서 레슨을 받았다.

고향 모교에 근무하고 광주에서 근무하게 되었다. 광주 오케스트라에 단원으로 활동할 수 있었던 것은 학교 배려로 일주일에 한 번 5시경에 퇴근했다. 단원이 되고 보니 연습하는 시간과 노력이 필요했다.

연주할 때마다 잘할 수 있을까 마음 졸이며 기다리는 시간!

여대생이 피아노 협연을 하는데 1, 2, 3악장 중에서 1, 2악장은 잘했다. 그런데 3악장에서 멈추었다. 그대로 앉아 있는 채 반주로 3악장이 끝났다. 무대에서 내려와 고개 숙이고 울고 있는 모습이 안타까웠다.

그다음 순서에 5학년 여학생이 바이올린 협연을 하는데 당당한 자세로 연주하는 모습을 보면서 대단해 보였다. 끝나자 기립 박수를 받고 인사하는 학생을 보면서 정말 많은 노력이 필요하구나 생각했다. 지금 두 딸이 악기를 한다. 큰애는 무대 체질이다. 뉴욕에서 살고, 둘째는 실내악이나 오케스트라가 어울린다. 지금은 학교 강당에서 학생들을 가르치고 있다. 사람마다 각자 맞는 옷이 있다는 것을 우리 애들을 보고서야 느꼈다. 협연했던 두 학생은 지금도 뇌리에 맴돈다.

오케스트라를 연주하면서 특히 베토벤 운명 4악장에서 더 떨리고 긴장했다. 그 떨림이 지금도 운명을 들을 때마다 감회가 새롭다. 연주하고 나면 항상 제대로 했는지 아쉬움과 허전함이 남아 있었다.

내 자녀와 가르치는 학생들에게 열정을 후회 없이 쏟아내고, 빛바랜 그 책들을 보면서 청춘을 음악으로 채우고 후회 없이 그 열정을 학생들에게 쏟아냈다.

세월이 지나 경연대회를 보면서 지금이라도 하고 싶은 마음이 꿈틀거린다. 할 수 있을 때까지 최선을 다 하려고 한다.

2022. 3. 30.

한 가족

손녀와 손자 손을 잡고 미소를 지으며 공항 출국장에서 나오는 아들, 환한 미소를 보니 더욱 반가웠다. 나이가 들어 아빠 체질을 닮아 가는지 말라 보이는 아들을 안아 보니 마음이 아프다. 아빠 체질을 닮지 않게 하려고 자랄 때 음식으로 노력했는데 체질은 어쩔 수 없나 보다. "몸에 살이 없네." 말한 나에게 "엄마는 살찌는 사람이 좋아 보이세요?" 한다. 어느 정도는 살이 있어야지!

며느리는 친정아버님이 몸이 좋지 않다는 연락을 받고 애들은 아빠한테 맡기고 공항 안에서 비행기를 갈아타고 도쿄로 갔다. 친정어머니를 도와드리고 2주 후에 한국에 오기로 했다. 며느리는 첫 손녀를 낳은 후 집에서 애를 키웠으면 좋겠다는 아들 말에 불평 없이 애를 키우는 가정주부다. 성격 급한 아들을 잘 보필하고 애들을 잘 키우는 것 같아 마음이 든든하다. 코로나로 몇 년 동안 못 가서 작년에 고향인 도쿄에 며느리가 애들 데리고 두 달을 다녀왔다. 그 기간 토론토에서 아들과 나는 처음 단둘이 생활하는데 처음은 좀 어색했지만 바로 적응이 되어 둘이 여행을 다니기도 하고 시간이 나면 토론토 주변을 많이 다녔다. 덥지도, 춥지도 않은 아주 좋은 날씨였다. 좋은 환경에 놀랍기도 하고 숲이 많아서 맑은 공기를 마시며 잘 지내고 왔다. 그러한 곳에서 장마철 기간에 귀국했으니 손자, 손녀가 걱정된다.

아들이 2019년에 아빠 3년 상 지낼 때 손녀와 다녀가고는 코로나로 오지 못하고 5년 만에 왔다. 올 때마다 조금씩 바뀐다면서 주변에 변한 모습을 보고 당황스럽기도 하고 놀랍다고 한다. 다행히 둘째 딸이 미리 시간을 빼놓고 운전하면서 조카와 같이 다니기로 했다. 먼저 산소에 가서 손녀, 손자에게 인사하는 법과 할아버지에 대해 간단히 설명을 해주었다. 어려서 이해가 잘 안 되었겠지만, 산소에 대해 잘 모르는 손녀, 손자가 처음 산에 가 봤으니 기억하리라 믿는다. 돌아오는 길에 남산으로 갔다. 케이블카를 타고 올라가는데 창밖 시야를 보고 좋아하는 손녀, 손자. 또 남산 팔각정에서 내려다보이는 빌딩을 보고 좋아하는 모습이 잊히지 않는다.

다음 날 인천 파라다이스호텔로 갔다. 개장한 지 얼마 안 된 곳이기에 깨끗하고 좋았다. 호텔 안에 씨메르 수영장 입장료는 별도로 받지만, 시설이 아주 잘되어 있어서 애들이

마음껏 즐길 수 있어서 좋았다. 돌아오는 날 오후 인천에 조금 오던 비가 출발하고 조금 지나 물을 붓듯이 쏟아진다. 그러더니 영종대교를 지나니 신기하게 소강상태다. 집에 잘 도착해서 마음이 놓였다. 노파심에 가족이 다 같이 다니면 조심스러워진다.

    국립박물관을 오랜만에 갔다. 넓은 정원과 호수가 좋아 보인다. 먼저 어린이 박물관으로 갔다. 미리 신청해야 하고 인원 제한이 있다. 신청한 다음 박물관으로 갔다. 1층 특별전시관을 돌아본 다음 디지털 영상을 보고 놀라웠다. 동양화 그림 속 인물이 자연스럽게 생활하는 모습을 방 3면벽에 가득 채운다. 첨단 기술이 참 놀랍다. 어린이 박물관으로 가야 할 시간이 되어서 보내고 나 혼자서 3층 으뜸 홀로 갔다. 그리스와 로마, 일본, 중국, 인도, 동남아시아, 중앙아시아, 메소포타미아관을 혼자서 즐기는데 쉴 수 있는 의자가 있어서 좋았다. 잠깐 쉬고 있는데 국립한글박물관을 가자고 연락이 왔다. 보지 못한 곳은 다음에 보기로 하고 내려갔다. 아들은 어린이 박물관에서 다양하게 체험했다면서 즐거워한다. 다음에 또 올 거라고.

한글박물관을 찾아갔다. 국립박물관은 많은 사람이 붐비는데 한글박물관은 관람하는 사람이 별로 없는 것이 알려지지 않은 것 같아 좀 아쉬웠다. 그 시간에 우리만 둘러보고 나오는데 나이 드신 분들이 안에 있는 찻집에 빈자리 없이 앉아 담소를 나누는 모습이 좋아 보였다. 젊은 층도 있으면 더 좋겠다고 생각하면서 밖으로 나왔다.

특별전을 못 보고 와서 아쉬웠는데 플루트 수업하는 선생님 중에서 국립박물관에서 해설하는 분이 있다. 그분하고 몇 명이 국립박물관 인디언 특별전에 갔다. 설명을 들으면서 작품을 보니 좋았다. 또 인디언이 만든 매트를 싼 가격으로 구입해서 집 소파 등받이 커버를 하니 시원하고 좋다. 시간이 되면 박물관에 가끔 가 보는 것도 좋을 듯하다. 외국에 가면 무료입장이 없는데, 잘해 놓고 관리하는 사람이 많은데도 박물관 입장료가 무료다.

TV에서 경복궁 앞 공사가 끝나고 야경이 아름답다고 하는데 가 보지 못했다. 이번 아들 가족과 청와대를 둘러보고 경복궁 수문장 교대식을 손자 손녀를 보여주기 위해 시간 맞추어갔다. 가끔 경복궁에 가면 안에서 수문장 교대식을 했는데 이제는 광장에서 수문장 교대식을 한다. 많은 사람이 볼 수 있어서 좋았다. 수문장과 사진을 찍는 사람이 많아서 기다렸다가 수문장과 손자 손녀도 사진을 찍었다. 수문장 옷차림에 신기해하며 아빠에게 묻고 있다. 열심히 듣고 있는 손녀, 손자가 잘 이해했는지! 나는 힘들어서 먼저 집에 오고 아들 가족과 딸 내외는 경복궁을 보기 위해 들어갔다. 저녁에 손녀 손자 방문 일지를 써놓은 내용을 아들이 나에게 설명해 주니 기분이 좋았다.

박물관이 많은데, 그중에 골라서 즐기고 체험도 할 수 있게 하는 아들, 또 한 가지라도 더 볼 수 있게 노력하는 아들이 가장이어서 기쁘다. 자식을 우선으로 하는 아들, 내리사랑이거늘 알면서 나는 내 아들이 우선인데 아들의 마른 모습이 서운한 것은 엄마의 욕심인 듯하다.

토론토에 가기 일주일 전 며느리가 왔다. 친정 아빠는 차도가 별로 없다고 한다. 어머니도 허약해서 아빠를 도와 줄 수 없다고 하는데 다행히 언니가 옆에서 살고 있으니 마음이 놓인 듯하다. 3주가 금방 지나서 가는 날이 왔다. 아무 탈 없이 건강한 몸으로 한 가족이 자기 집으로 돌아가니 기쁘기도 하지만 서운한 마음은 어쩔 수 없나 보다. 내년에도 다녀가기를 바라는 마음이다.

2024. 9.

봄 향기

벚꽃 길을 걷고 있는데 어린 학생들 소리가 들린다. 초등학생 소리에 잠시 잊었던 몇십 년 전 출근길이 떠오른다.

1968년 출근길 분홍색 벚꽃이 가로수 길에서 춤을 추고 있었다. 처음으로 많은 벚꽃을 보며 감동 받았던 기억이 난다. 그때 구례는 봄을 알리는 노란 산수유 꽃이 피고 질 무렵 벚꽃과 개나리, 진달래꽃이 피었다. 꽃길을 걸으며 가슴이 설렜던 기억은 지금도 잊히지 않는다. 평소에는 일찍 출근하기 위해 논두렁 사잇길로 걸어서 출근했다. 그날은 가로수 벚꽃이 어찌나 아름다운지 눈을 뗄 수가 없었다. 연분홍 꽃에 취해 걸음을 멈추고 처음 보는 그 황홀함에 숨을 고르게 쉬고 아래를 보았다. 개나리꽃이 노랗게 늘어져 있다. 꽃 행렬에 놀라워 한참 머물다. 깜짝 놀라 아 수업이지! 하고 개나리 꽃말(희망과 달성)을 생각하며 가슴에 안고, 학생들과

야외 수업을 하리라, 하고 콧노래 부르던 내 모습이 지금도 생생하다.

사회 초년생인 나는 학생을 가르치고 같이 보내는 시간이 즐겁고 행복했었다. 교실 수업보다 야외 수업을 하면 좋을 듯했다. 학교에 도착하고 바로 교실로 들어가 칠판에 '3, 4교시는 야외 수업합니다' 적어 놓고 교무실로 향했다. 중간 운동장을 가로질러 가려니 학교 주변에도 곧 터질 듯 머무는 꽃봉오리, 교실 창가 앞 화단에는 개나리꽃이 반기듯 너울거린다. 여러 종류의 나무와 소나무 정원이 있어 더 아름다운 청천초교 교정은 참 예뻤다.

가벼운 인사와 직원 조회가 끝나고, 교실 문을 여는 순간 어린 학생들이 밝은 표정으로 아우성친다. 밖으로 나가서 자유롭게 봄의 소리를 들으며 뛰어다니고 싶어서인지 즐거워하는 학생들.

학교 뒤 편편해 보이는 야산으로 갔다. 야산에는 비밀의 정원이 봄 햇빛을 받아 야생화 향연이 펼쳐져 보인다.

야생초 자란 자리에서 겨울을 보내고 자기 영역을 지키며 새싹이 돋아나고 있다. 떡잎부터 튼튼한 새순이 있는가 하면 악조건에서도 생명을 붙들고 있는 조그마한 식물도 있었다. 영양이 없는 박토에서 꽃 한 송이라도 피우려고 애쓰는 모습, 또 색도 모양도 갖추지 못하여 제 본 모습을 찾을 수 없는 등 꽃 같지도 않게 못나 보이지만 어떻게든 일어나려고 끈질기게 버티는 모습에서 얼마나 노력하는가를 보고 느낄 수 있었다.

　학생들에게 식물이 자라나는 모습을 관찰하게 하고 이름과 특징에 대해 발표하기로 했다. 또 세 잎 클로버는 행복이고, 네 잎 클로버는 행운입니다. 말이 끝나자 행복은 생각지 않고 행운만 찾겠다고 서로 밀치고 장난하며 찾고 있다. 자유롭게 뛰어다니는 학생들 모습을 보고 야외 수업하기를 잘했구나,라고 생각하며….

　30분이 좀 지나 동그랗게 원을 만들어 관찰했던 식물들을 각자 발표하기로 했다. "돌나물과 쑥이 제일 많아요." 말을 하며 불평하는 학생이 있는가 하면, 교실에서 말을 잘 듣지 않고 장난만 하는 학생이 야외 수업에는 야생초에 대해 이름이나 특징에 대해 막힘없이 설명하기도 한다. 상기된 얼굴로 발표하는 학생 모습이 보기 좋아 칭찬을 아낌없이 해주었다. 그 뒤 공부에 흥미를 갖게 되어 공부도 잘하던 학생.

　발표가 끝나고 수건돌리기를 했다. 또 술래가 되면 노래와 춤을 추기로 했다. 술래가 되지 않으려고 안간힘을 쓰며 달리는 학생, 이마에 구슬땀을 흘리며 즐거워한다. 또 소심한 학생은 소리 없이 앉아있다. 그 모습을 보고 적극적으로 할 수 있게 도와주기도 했던 시간이었다. 수업을 마치고 상기된 학생들 표정이 머리에 스친다. 봄의 향기를 마음껏 마시고 즐기며 가슴에 담아 학교로 간 뒤! 평소 남은 수업이 끝나고 청소하기 전, 가끔 책상과 의자를 가운데 모으고 술래잡기를 했다. 학생들 마음을 가끔 풀어주었던 계기가 되었는지! 야외 수업 이후 아이들의 성적도 좋아졌다. 문제학생도 없었다. 마음을 알아주고 진심 어린 지도가 필요하지 않았나 싶다. 지금도 초롱초롱한 학생들 눈이 나를 보고 손짓하는 듯하다.

지나간 일들을 생각하면서 혼자 미소를 지으며 벚꽃 길을 걷고 있다.

꽃들은 아름답게 피어 향기와 기쁨을 아낌없이 주고, 즐거움과 소박한 행복을 준다. 감사한 마음과 자연을 더 사랑하고 지켜야 한다는 것을….

2023. 3.

잠재력

　　남자 어린이 손을 잡고 사무실로 들어온다. 들어온 어머니 표정이 어두워 보였다. 뇌수술을 했다는데 움직이지도 않고 우두커니 앉아 있는 5세 어린이, 이름을 물어봐도 바라만 본다. 직장에 나가야 돼서 어린이집에 보냈는데 한 달 지나서 특수학교에 보냈으면 한다고 연락이 왔다고 한다. 답답해서 상담하러 왔다고 하니 그때 참 막막했다. 얼마나 답답했으면 왔을까 싶어 그냥 보낼 수도 없었다. 산만한 애들을 지도를 해서 좋아졌다는 말을 듣고 온 것 같은데 입장이 또 다르지 않은가! 하지만 표정 없이 바라보는 어린이를 보고 용기를 내기로 했다. 그래 해보자. 할 수 있을 때까지 해 보는 거야. 그때 나는 유치부를 하고 있었다. 어머니한테 교육 내용에 관해 설명을 해주었다.('성급하지 말고', '쉬지 말고', '비교하지 말고', '믿음이 중요함'을 강조)

만 3세부터 할 수 있는 교육이고 교육 내용은 바이올린과 고사성어, 시조를 일주일에 한 번 엄마와 같이 배워서 집에서 매일 복습하는 교육이다. 직장에 근무하는 엄마를 위해서 학원에서 교육을 해준다고 했다. 또 바이올린 줄을 왼쪽 손끝으로 누르다 보면 자극이 되어 뇌에 도움이 된다고 설명하고 결정은 어머니가 하도록 했다.

한번 해 보겠다고 하는 어머니에게 교육이 끝나면 어린이집으로 내가 보낼 테니 퇴근하고 데려가도록 했다.

교육만큼은 초심을 잃지 않고 참 열심히 했었다. 그러다 보니 몸과 마음이 건강해서 행복했었다.

기쁜 마음으로 뇌 수술한 어린이가 매일 작은 손가락으로 바이올린 선율로 소리 내도록 열심히 지도했다. 이론도 다른 어린이와 똑같이 시조, 고사성어를 지도했는데 얼마 지나서 말을 하고 웃기도 하고 시조를 따라 부른다. 무표정한 얼굴이 조금씩 달라지더니 말문이 트인다. 그때 기쁨은 말할 수 없었다.

또 시조도 외운다. 얼마나 감격스러운지! 그 모습에 기쁘고 보람도 있었다. 1년이 되어 12월 말경 연주회 때 작은 별 변주곡(5가지) 바이올린 곡을 외우고 그 외 3곡을 연주했다.

고사성어에 나오는 한문을 알려고 하는 것보다 사물을 보았을 때 관찰력을 심어주기 위한 교육이다. 어린이를 지도해 본 결과 보이지 않은 교육으로 달라지는 평소 모습에 어머니도 반가워서 어찌나 눈물을 흘리는지!

  뇌 수술을 해서 얼마 동안 자유롭지 못했지만 시간이 지나 자신감 있는 어린이가 되었다. 어머니한테 학교 가기 전 검사를 받아보라고 했다. 확인 결과를 보고 싶었다. 검사 후 와서 정상 판정을 받았다고 했다. 어머니 직장 따라 2년 후 관악구로 이사를 갔다. 그 어린이는 지금 어떤 모습의 신사가 되었을까?

  또 다른 4세 된 어린이의 엄마는 은행원이었다. 오전 유치부 할 때 지도했던 아이는 누나와 나이 차이가 있다. 엄마가 출근하면서 4세 어린이를 유치부에 맡기고 간다. 누나 학교 하교 후 피아노 수업이 끝나고 데려가는 학생이다. 4세 어린이는 어찌나 산만한지 가만히 있지 못하고 돌아다닌다. 5분도 집중이 안 되는 아이를 수업한다고 억지로 앉혀 놓을 수 없어서 자유로운 영혼으로 다니도록 놔두고 눈여겨보았다. 어느 날 수업한 내용을 물었더니 줄줄 말하는 아이, 산만하게 보여도 또는 눈으로 보지 않아도 듣고 말하는 어린이 잠재력에 놀라웠고 나 역시 지도하면서 놀랍기도 하고 많이 배우기도 했다. 집중력이 좋아지면서 초등학교 입학하게 되었고 1학년 초 그 엄마에게서 전화가 왔다. 아들 이름을 말하면서 가르치지 않았는데 시계를 볼 줄 알아요. 감사하다고 몇 번이나 말하던 흥분된 목소리가 지금도 귀에 들리는 듯하다.

                                      2024. 6.

3.
나의 친구

아빠의 뒷모습

1990년 3월 음악학원을 인수 받았다. 오랜만에 어린 학생을 보니 반갑고 기뻤다. 그것도 잠시 산만한 학생을 보니 교사 생활할 때 말썽부리던 학생이 뇌리에 스친다. 전 원장은 S대 성악과를 졸업하고 2년 동안 학원 운영을 하면서 유학을 준비하고 있었다. 그 시절에도 학부모가 당당하고 학생도 학원 선생님을 무시하는 태도가 보였다. 결국 학부모나 학생이 손해인데 그걸 모른다. 젊은 원장은 그런 학생과 학부모가 힘들었다고 솔직히 말해준다. 그 말을 듣고 교직에 머물면서 문제아를 치료한 기억이 난다. 그래서 나는 할 수 있어!라고 속으로 외치며 교육에 임했다.

인수 받기 전 연주회 준비할 때 참여해서 학부모나 학생도 파악해서 큰 문제는 없을 것 같았다. 오전 유치부 어린이는 2명이다. 이왕에 하려면 제대로 해 보자는 마음으로 배웠던 재능교육을(스즈키바이올린) 열심히 시켰다. 유치부 학생이 점점 많아졌다. 그때는 오전 8시 30분에 출근해서 12시까지 유치부를 지도하고 점심을 먹고서 집에 보낸다. 초등학교 학생도 1, 2학년은 2부제 수업이었다. 부모 직장인 자녀는 오전, 오후 수업하는 학생도 봐주어야 했다. 그땐 어린이가 많았다.

유치부 학부모가 좋은 말로 하면 좋으련만 큰일인 것처럼 소리를 지른다. 교육비도 내지 않고 그만두면서 큰소리로 따지는 엄마가 참 안 되어 보였다. 그 자녀는 뭘 보고 배우겠나. 다 자녀한테 가거늘! 결국 그 엄마는 사과하고 다시 배우게 되었다. 또 학원을 계속할 수 있겠어! 협박조로 말하는 학부모도 있다. 전 원장이 인수할 때 혼내주라고 학부모 명단을 나에게 주었다. 그래서 교직 생활할 때 학부모와 대화를 나누었던 그때를 기억하고, 원생 어머니와 대화로 풀었다. 필요 없는 말은 아~ 그래요, 하고 웃어버린다. 몇몇 엄마가 나를 손아귀에 넣고 마음대로 하고 싶어 했다. 학교가 아닌 학원인데 그때도 그런 학부모님이 있었다. 요즘 자살한 교사를 보면서 얼마나 힘들었으면 그랬을까? 충분히 이해가 간다. 하나 태어났으니 살아봐야지! 다만 교육에 대한 목표와 신념으로 강하게 버티었으면 좋으련만, 개인적으로 아쉬웠다.

내가 배웠던 교육을 가르치기 위해 많은 시간을 투자했는데 누가 뭐래도 굴하지 않고 학교처럼 운영했다. 교육에 따라주지 않으면 배우는 학생도 변하지 않는다. 학부모와 의사 충돌이 있었지만, 교육 내용이 좋아서인지 시간이 지나 그분들도 좋은 학부모가 되어 도움을 주었다. 학원이 점점 알려지더니 타 지역이나 여름방학 동안에 주재원 자녀가 많이 배우러 왔었다.

그 후 나라 전체 어린이들이 점점 줄어들었다. 유치부는 몇 명 안 되어 유치원으로 보내고 오전에는 원생을 받지 않았다. 초등학교 학생도 오전 오후 수업이 없어졌다. 붐비던 이부제 수업도 없어지니 오전 시간이 나만의 시간이다. 바쁘게 시간을 보내는 것도 나쁘지는 않았다. 우울증이 사라졌다. 그리고 커피 한 모금도 못 마셨던 나는 가리지 않고 무슨 음식이든 먹을 수 있게 되었다. 마음도 몸도 건강해지니 두근거렸던 가슴도 평온해졌다. 시간이 없어서 못 보던 신문을 한가롭게 좋아하는 커피를 마시며 볼 수 있으니 그 시간이 소중하고 참 행복했다.

점심시간이 되었을 때 어린이 손잡고 문을 열고 들어오는 어머니, 둘째 딸을 데리고 왔다. 큰딸은 아주 착하고, 모범생이다. 둘째 딸을 데려왔는데 표정이 어둡다. 어린이 눈동자를 보았더니 다루기 힘들겠다는 생각이 스친다. 어머니는 미리 나에게 솔직하게 말한다. "큰딸하고는 아주 달라요." 지도하면서 도움을 청할 때 솔직히 말해 달라고 부탁했다. 보통 어린이와는 좀 다르지만 1년 동안 지도한 후 좀 나아졌다. 서은이가 다니는 유아원에서 매년 어린이가 배우러 왔다. 오전에 유치부에서 했던 교육을 그대로 했다. 어린이도 좋아했고 학부모도 좋아했던 교육으로 기억하고 있다.

　서은이는 같은 유아원 어린이와 수업할 때 주목을 받으려고 드러눕고 소리를 지른다. 그런 서은이를 보고 어린이들이 놀란다. 그럴 땐 '더 크게 소리 지르세요. 더 크게' 두어 번 하고 기다리다 보면 그친다. 그때 누워 있는 채로 팔을 잡고 귓속말한다.(친구들이 너를 이상하게 보는데 괜찮아?) 그 말을 듣고서 어색한 표정으로 슬그머니 일어난다. 그리고 그 버릇이 없어진다. 반대로 화를 내고 큰 소리 내면 더 산만해진다. 어린이는 단순하다. 자기한테 관심을 두면 눈에 띄게 달라지는 모습이 보인다.

　서은이 언니는 매일 집에 갈 때 동생을 데리고 간다. 잘 따라다니던 동생이 갑자기 "언니는 집에 가고 엄마보고 데리러 오라고 해." 말하고는 다른 방으로 들어가 버린다. 오늘은 같이 가자고 사정하는데도 막무가내다. 결국 언니 혼자 집에 갔다. 그날부터 엄마가 매일 데리러 왔다. 어느 날 엄마가 바빴는지 아빠가 데리러 왔다. 아빠를 보더니 "엄마가 오지 왜 아빠가 왔어! 얼른 가." 큰소리를 지르니 빨개진 얼굴로 돌아가는 아빠, 우리도 당황했다. "왜 아빠한테 큰 소리야 선생님도 있는데 아빠는 얼마나 무안했겠어." 했더니 대뜸 "언니만 좋아하는 아빠가 미워요" 한다. 아빠는 서은이 앞에서는 표현 못 하는 것뿐이야, 말하고 있는데 늦게 엄마가 뛰어온다. 엄마에게 집에서 아빠가 무섭게 하느냐고 물었다. "네, 좀 그래요." 한다. 순식간에 일어난 일을 말했더니 엄마는 당황한다. 집에서 관심받고 싶어서 거친 행동했을 텐데…. 그 엄마는 "맞아요." 한다. "어렵겠지만 그럴 땐 화를 내는 것보다 무엇을 원하는지 물어보세요." 그리고 시간 되는 날 퇴근 후 아빠하고 이야기를 하고 싶다고 말을 했다.

보통 부모님은 잘 모르고 화만 낸다. 부모가 바뀌지 않으면 밖에서 문제아가 되기가 쉽다. 마음을 헤아려 주어야지 그러지 않으면 밖에서 관심 받고자 거친 행동을 하게 된다. 아빠와 대화하면서 문제점을 자세히 말해주었다. 그 후 하는 행동이 달라졌다. 아빠와 의사소통이 잘 되었는지! 가끔 서은이를 데리러 오면 서로 눈을 마주 보며 손잡고 가는 뒷모습이 정답고 아름다워 보였다. 얼마 전 길에서 우연히 누군가 나를 보고 인사한다. 예쁜 그녀는 서은이다. 크고 예뻐서 알아보지 못했는데 반갑고 기뻤다. 한 장소에서 27년 동안 아무 일 없이 72세까지 교육을 마무리할 수 있었다. 경험이 많은 분한테 부탁하고 그만두니 홀가분했다. 나에게 스쳐간 어린이나 학생은 무슨 일을 하고 있을까? 가끔 궁금하기도 하다. 큰일 없이 어린이들을 지도할 수 있었던 행운에 감사한다.

2023. 10.

보이지 않는 길

바이올린을 메고 사무실로 들어온다. 긴장된 얼굴로 하소연하듯 말한다. 대학교 입학하고서 학교 비전공 오케스트라를 하려고 플루트로 지원했단다. 당연히 될 줄 알았는데 오디션에서 떨어지고 나니 대학교를 합격해서 좋아했던 마음이 사라지고 어이없다고 한다. 무슨 시험이든 떨어져 본 적이 없었다고 말하는 학생은 당당함보다 실망함이 더 커 보였다. "전공이 아니니 그럴 수도 있지! 아직 1학년인데 하면 되지 않아? 혹시 너무 자만한 게 아니고 더구나 그 악기는 오케스트라에서 2명을 뽑았을 텐데 되기가 어렵지!" 말이 끝나자. "포기할 수 없어서 바이올린을 배우러 왔는데요." 퉁명스럽게 말한다.

오래전에 중학교에서 음악 시험을 실기로 볼 때가 있었다. 그땐 플루트는 다른 악기보다 좀 빠른 시일에 할 수 있는

악기로 알려져서 점수를 잘 받기 위해 배운 학생이 많았다. 점수가 잘 나오자 배우지 못한 학생 학부모님이 불공평하다고 민원을 넣어서 실기 시험이 없어졌다. 그런 뒤 하고 싶은 학생만 배웠다.

　대학생도 피아노를 배우고 플루트가 좋아서 배웠을 텐데 오케스트라에서 안 되었으니, 화가 난 모양이다. 속상해하니까 바이올린으로 해 보라는 친구 소개로 나에게 왔다. 듣고 보니 화가 난다고 배우는 건 아닌데 당황스러웠다. 집도 멀고 대학교 1학년이니 들떠 있는 상태인데 1년 동안에 과연 해낼 수 있을까! 신경이 쓰였다. 친구 말을 듣고 무조건 바이올린을 사서 배울 생각으로 왔다는 학생, 또 나에게 가면 오디션에 합격할 수 있게 해 줄 거라 했다면서 부탁을 하니 돌려보낼 수도 없고 참 난감했었다. "바이올린을 1년 동안 배워서 오케스트라 할 수 있겠어?" 물었다. "피아노 체르니 40번까지 했는데요." "아 그래 악보를 잘 보면 다른 악기도 쉽게 할 수 있지! 그런데 대학 1학년이면 놀고 싶지 않나? 매일 열심히 해야 하는데." 말이 없다. 학생 얼굴을 한참 들여다보았다. 눈빛과 표정을 보고서 해야 할 것 같아서 하기로 했다.

　이제 학교에 들어갔으니, 레슨비도 엄마 가계부에서 나오겠다 싶어 더 받을 수 없었다. 학생 마음을 채워주자는 마음으로 1권 할 동안 일주일에 3번 할 텐데 올 수 있느냐고 물었다. 할 수 있다고 대답한다. 부담스러울까 봐 1회 레슨비만 받을 테니 열심히 해 보자고 했다. 표정이 살짝 밝게 스쳐 간다. 바이올린 선생님께 배우면 레슨비와 그 시간으로 할 수 없으니 내가 개인지도를 하기로 했다. 나는 전공을 안 했지만 스즈키 바이올린 지도자 자격증을 취득했다. 그래서 레슨을 할 수 있다.

학생이 피아노를 했기 때문에 악보도 잘 보고 진도도 잘 나간다. 더구나 매일 학교에 바이올린을 메고 가서 쉬는 시간이나 수업이 없는 시간에 비어있는 강의실에서 연습을 했다. 바이올린 소리에 남학생이 우리 학교(K대)에 음대가 있나 하고 말한다는 학생 말을 전하면서 맑은 눈을 굴리며 미소 짓는 모습이 참 예뻤다. 세월이 흘렀는데도 웃는 모습이 뇌리에 스친다. 스즈키 4권부터는 어려워서 연습량이 많아 일주일에 한 번씩 왔다. 어찌나 열심히 하는지! 결심을 하면 뭐든지 하는 학생으로 보였다.

12월에 5권을 하게 되었고 겨울방학 동안에는 자주 왔다. 어려운 악보도 볼 수 있고 오케스트라도 할 수 있는 능력을 갖추게 되었다. 열심히 하는 여학생을 보면서 교사 생활할 때 내 모습이 보이는 듯하다. 무서운 줄 모르고 학교 교정에서 새벽 5시에서 8시까지 연습하고 퇴근 후 오후 7시부터 밤 자정까지 연습했던 지난 일이 스친다. 뭐든 노력하고 보면 보였다. 음악을 좋아했지만 배우지 않아서 무지인 나도 조석으로 하루 7, 8시간 4년 노력 끝에 오케스트라 단원이 되었다. 나 역시 그때 참 감격스러웠다. 이 학생도 얼마나 하고 싶으면 매일 바이올린을 들고 학교에 가지고 다니면서 연습을 하나 싶었다. 그 여대생을 보면서 지난 내 모습이 보이고 감동을 주었다.

2학년 봄 오케스트라에 바이올린 파트로 단원이 되었다고 찾아와서 좋아하는 모습이 선하다. 1년 동안 5권 이상을 했다면 믿기지 않을 만큼 잘했다. 지금 생각을 해 보아도 참 대단한 학생이었다.

목적을 가지고 열심히 하다 보면 결과는 좋을 수밖에 없다. 교직 생활하면서 몸소 느꼈기에 가르칠 때도 생각하면서 지도했다. 나에게 스쳐 간 많은 학생이 무슨 일을 하면서 살고 있을까? 가끔 궁금하다.

2024. 3.

탈상(脫喪)

병마로 누워 계신 어머니 곁에 산새 불경 녹음테이프를 들려 드렸다. 절에는 다니지 않으셨지만 돌아가신 어머니 곁에 스님을 모시고 불경을 들려 드렸다. 원하신 곳 고향에 모시고서 영정사진을 놓고 우리 6자매가 서울의 절에서 49재를 지냈다. 3년 동안 복을 입고, 3년 제사를 지내야 하는데 형제들이 의논하여 1년으로 단축해서 시골집에서 탈상을 지내기로 했다.

돌아가시고 1년이 될 무렵 나는 몸살로 아프더니 전날 열이 내리지 않아서 시골에 갈 수 없을 것 같았다. 몸 관리 못한 내 자신이 화가 났다. 기운 없이 앉아있는데 언니한테 전화가 왔다. "내일 시골에 갈 수 있니?" 묻고 있다. 몸이 너무 아파서 잘 모르겠다고 말하고서, 걱정스러운 마음으로 초저녁에 약을 먹고 일찍 잠이 들었다. 새벽에 전화벨이 울린다. 수화기를 들고 여보세요, 전화기에서 들려오는 어머니의 목소리는 건강하셨을 때 목소리다. "시골에 내려 올 거니?" "네 가야죠."

"언니들도 시골에 올 수 있다니?" "네, 언니들이랑 6시에 모여서 다 가기로 했어요."

"그럼 조심해서 운전하고 오렴." "네." 하고 눈을 떠 보니 생시처럼 뚜렷한 꿈이었다. 놀라서 일어나 시계를 보았다. 새벽 5시 30분을 가리키고 있었다.

쑤시던 몸은 씻은 듯 다 나았다. 자고 있는 그이한테 시골에 갈 수 있다고 말했다. 놀라서 일어나는 그이. "몸은 어때요?" "글쎄 꿈속에서 어머니가 나 시골에 올 수 있느냐고 물어보셨어요. 놀랍지 않아요." 남편한테 말을 하고서 재빠르게 언니한테 전화했다. 내가 말하기 전 언니는 걱정스러운 말투로 물었다. "몸은 괜찮니?" "그럼요 다 나았어요." "운전할 수 있겠어?" "네 운전할 수 있어요."

6시까지 만나는 장소로 나가면 되죠, 하고서 급하게 준비를 하고 나오는 나에게 그이는 "흥분하지 말고 조심해서 운전해요. 있다가 오후에 갈 테니." 당부한다.

6형제가 만나서 차 두 대로 나누어 타고 경부고속도로를 달렸다. 겨울인데도 포근한 날씨에 머리가 맑아지고 상쾌한 기분이 든다. 한참 달려서 휴게소에 잠시 머물며 언니들이 집에서 가지고 온 음식과 우동을 사서 곁들여 먹으니 아침 식사로 맛이 일품이었다. 큰언니는 식사 후 차를 마시며 어머니 돌아가실 때 날씨가 좋더니 오늘도 포근하고 하늘이 맑아서 좋다고 말한다. "참 너 아파서 시골에 못 갈 줄 알았는데 몸은 괜찮니?" 물어본다. 꿈 이야기를 자세하게 말했다. 이야기를 듣고, "어머니 작고하시는 날은 증조할아버지 오셨다, 아버지 오셨다, 어머니 말씀을 듣고 너는 밤에 밖에 나가지 못했지! '전설의 고향' 같다고, 지금은 괜찮니?" 물었다. "지금도 밤에 밖에 나가기 무서운데 꿈속에서 건강하실 때 어머니 목소리였어요. 그래서 기분이 좋아요."

돌아가실 때는 막내딸을 찾으시더니 탈상(脫喪)에 너를 참석하라고 꿈속에서 전화를 하셨나 보다. 어머니는 참 대단하신 분이네. 혼잣말로 말씀하시는 큰언니! 우리 집은 딸이 여섯이다. 나는 다섯 번째 딸이면서 큰언니와 10년 차이고 동생과는 7살 차이가 난다.

여행 좋아하시는 어머니를 모시고 딸 여섯이 전국 유명한 곳 다니며 쉼터에서 간식을 먹고 즐겼던 시간을 아쉬워하며 우리는 어머니 계신 고향으로 향했다.

산으로 둘러싸인 고속도로를 달리다 보면 속도위반할 때가 있다. 그럴 때마다 조심해서 내려오라는 어머니 말씀을 기억하며 위반하지 않고 달렸다. 마을 입구에 도착했다. 큰길은 여기서 끝이다. 할아버지한테 들은 이야기는 웃어른 분들이 양반 사는 동네 앞으로 큰길을 낼 수 없다 하여 동네 입구에서 길이 끝난다. 지금은 버스가 다니지만 우리 어린 시절에는 버스를 타려면 8km을 걸어서 가야 했다. 옛날 분들은 한 치 앞을 못 보셨다. 그래서 자손들이 고생해야 했다. 동네 입구에 당도하면 가끔 힘들었던 날들이 뇌리에 스친다. 그 뒤 농로를 만들어 마을회관 앞에 주차도 할 수 있어서 편리하다.

집에 들어가니 친척 아주머니, 동네 분이 채소를 가지고 우리를 기다리고 있었다. 담긴 바구니를 보고 겨울인데 들에 남아있어요? 물었다. "날씨가 포근해서 들에 파랗게 있어서 형님 해 드리려고(제사상) 가지고 왔다."고 한다.

도와주신 분들과 오순도순 이야기하고 음식을 만들며 어머니 이야기를 한다. 나이 든 아주머니는 어머니에 대해서 "큰집 종부로 제사 14분을 지내며 힘들었을 텐데 힘들다는 말 한마디 안 하고 참 대단하고 독한 분이다. 더구나 체구도 작으면서 큰 소리로 자식들한테도 꾸짖거나 남한테도 큰 소리를 내는 걸 못 보았으니 참 알 수 없는 사람이야." 뭐가 그리 급해서 먼저 갔는지 하면서 치맛자락으로 눈가를 훔친다.

딸 4, 5, 6번은 대청마루에 제사상을 세우고 진설하기 시작했다. 진설이 끝나고 11시경 부엌 쪽으로 손을 씻으러 나갔다. 그런데 갑자기 어머니 산소 쪽에서 회오리바람이 불어오더니 양은 세숫대야가 대굴대굴 굴어오다 대청마루 끝에 머문다. 우리는 방문을 열고 엄마 오셨나 봐요. 본 대로 이야기를 했다. 방에 앉아 계신 분들이 우리를 보며 웃고 있다. 회오리바람이 우연히 마루 끝 쪽으로 왔는지 모르겠으나 좀 이상했다. 제사를 지내고 나서 연세 드신 분께서 어머니에 대해 좋은 말씀을 하시는 모습을 보고 우리(딸)들은 기분이 좋았다.

어머니는 언제나 옅은 하늘색 한복과 쪽진 머리에 비녀를 하고, 단아하고 위엄 있는 종갓집 종부의 면모를 갖추신 분이셨다. 가끔 꿈속에서도 그 모습으로 보인다.

1년 동안 복을 입고 탈복하고 마지막 탈상(脫喪, 마지막 제사)을 지냈다. 그리고 방안 제사(기제사)로 모시기로 했다.

어머니를 그리워하며 묘소 앞에서 가을에 뵈러 오겠습니다, 하고 말씀드리고 뒤돌아섰다.

2021. 10.

교육원에서

 1971년 7월 각 군 대표로 여교사 한 명씩 삼청동에 자리 잡고 있는 문교부 산하 중앙연수원에 모였다. 처음 입실할 때 주변이 조용하고 유명한 곳이기도 하고, 공기도 맑고 좋았다. 청와대 근처이고 관공서가 있어서 밤에는 산책하기에 좀 무서웠다.
 첫날 모인 연수원 선생님들과 방을 배정받아 같이 사용해야 했다. 처음은 어색하고 쑥스러워하더니 시간이 흐르면서 웃음보를 터트린 선생님도 있었다. 시작하기 전 자기소개를 거리낌 없이 하는 모습, 또 근무하는 학교 홍보를 하는 선생님, 지역 특성을 비난하다 결국 자랑으로 이끌어내는 선생님, 참 다양한 선생님들이 모였다. 남쪽 섬에서 온 선생님은 한숨 쉬면서 주민들이 소박하고 정이 많은데 일손이 부족해서 학생을 학교에 보내지 않는다고 한다. 학부모님을 이해시

키는데 힘들다며 눈물을 글썽이는 선생님을 보면서 안타까웠다. 그때는 생활이 어려운 시절이었다.

처음에 구례군내 청천초교에서 근무했다. 읍에서 화엄사 사찰이 가깝고 관광지 근처라 학교 규모가 크고 어려움이 없이 즐겁게 보냈다. 그런데 고향 모교에 근무하는 학교는 규모도 아주 작고 학생들이 한 학년에 두 반이다. 나이 많은 학생도 있고, 형편이 곤란해서 부스럼이나 팔다리가 곪아도 치료를 못 한 어린이들이 많았다. 양호실에 약이 언제나 구비되어 있지만 선생님들은 종기가 난 어린이를 보아도 아무런 반응이 없었다.(잘못하면 문제가 된다고 관심 밖이다.)

모른 체할 수가 없어서 구비되어 있는 약으로 내 반 어린이들 먼저 치료하기로 했다. 양호실에 있는 아까징끼(지금에 요드딩크)로 탈지면에 묻혀서 몇 번씩 자극을 한다. 그리고 다이아진 백색가루를 뿌려주면 단단히 부어오른 상처가 진물이 흘러내려 작아지는 상처 부위를 보고 신기했다. 반복해서 치료하다 보니 상처가 나았다. 병원 치료나 약을 잘 쓰지 않은 학생들이기에 효험이 있었다.

간호에 간단한 교육은 받았지만 특별한 의료 지식 없이 무식이 통해서인지 그 뒤 알려져서 학생들 종기 치료를 많이 했다. 그때는 양호교사가 따로 없기 때문에 여교사가 담당하여 했었던 시절이고, 시골에서 아까징끼와 다이아진 가루가 최고였다.

그때는 어려운 시절이었다.

연수원 교육 끝 무렵 우리는 '육영수 영부인' 초대를 받았다. 버스를 타고 청와대 영빈관 입구에 세워 바로 들어갔다. 영빈관에는 다과와 음료수가 준비되어 있었다. 음료를 마시며 이야기하고 있을 때 영부인이 들어왔다. 우리들은 부동자세로 서서 인사하는데 영부인은 부드러운 말투로 "편하게 말씀하셔도 됩니다." 하시며 우리와 한 명씩 악수하면서 "어린이교육을 부탁한다. 현장에서 수고하는 선생님들께 감사하다"는 말과 "힘들겠지만 애써주세요."라고 부탁한다.

검소하면서 교육열이 많았던 영부인으로 기억하고 있다. 또 TV에서 보면 까칠한 노동자 손을 잡고서 우리 함께 조금만 노력하자는 말씀, 할머니 개개인 손을 잡아주는 모습, 또 빈곤해서 중학교 못 가는 학생들 위해 고등공민학교(내가 근무하는 면 소재지에 고등공민학교를 세운 여교장을 청와대로 불러 훈장을 주고 격려를 해주신 분이다.)를 세워서 중학교 과정을 배우게 했다. 몇 년 지난 후 면 단위로 중학교를 세워 가정이 어려운 학생도 중학교 졸업장을 받을 수 있었고, 공부 잘한 학생은 고등학교, 대학, 좋은 직장에 다녔다.

생전에 어두운 곳 구석구석 다사로운 손길에 뻗치고 사회활동에 헌신적으로, 특히 여성의 복지와 어린이에 대한 사랑이 남달랐던 기억, 그러하신 분이 편하게 말을 하도록 배려해 주고, 우리의 소리를 듣고 있는 모습을 보면서 진심으로 존경스러웠다.

  영빈관 앞에서 버스를 타고 교육원으로 돌아왔다. 그리고 책임자 분이 "영부인 만난 소감이 어때요?" 물었다. 말이 끝나자 약속이나 한 듯 "불쌍해요." 합창으로 나왔다.

  사진은 예쁘고 우아해 보이는 영부인은 실제로 왜소하고 마르고 특히 손이 앙상하게 뼈만 남아서 우리 손에 안긴다. 영부인으로 화려한 생활로 알고 있었는데 뵙고 보니 힘들고 어려운 시간을 보내신 것 같다고 입을 모아 말을 했었다.

  높은 곳일수록 더 어렵다는 것을 교육받은 교사들이 느꼈던 좋은 시간들이었다. 다음 날 짐을 꾸리고, 10일 동안 각 지역 선생님들과 서슴없이 토론하고 보고 듣고 배우며 즐겁게 교육을 마무리하고 각자의 일터로 우리는 향했다.

2022. 2.

증조할아버지 오셨다

　89년 12월 25일 시골에 내려갔다. 일주일 전 어머니는 '북망산' 가실 날을 알고 계셨는지 나에게 전화를 하셨다. 겨울방학을 언제 하느냐고 물으신 뒤 형제들한테 전화해서 음식 한 가지씩 준비해서 큰언니 집으로 모이도록 하셨다. 23일 육 자매는 준비한 음식을 차려놓고 이야기를 주고받으며 식사하고 나서 어머니는 나를 보자고 하시더니 "시골집에 가서 뒤주 안에 수의가 있으니 누구한테도 말하지 말고 가지고 오렴" 하셨다. 그 말을 듣고 무서웠다. 큰언니에게 어머니 말씀을 그대로 전했더니 깜짝 놀라면서 어머니께 안심하시도록 말씀을 드렸다.
　77세이신 어머니는 대 종갓집 종부로 생활하며 스트레스를 받아서 림프샘 암에 걸리셨는지! 어머니의 삶을 생각하면 마음이 아프고 쓰리다.

 어머니는 큰살림하면서 묵묵히 대가족을 품고 집안을 이끌어갔다. 많은 농사, 많은 사람을 대하는데도 큰 소리 낸 적 없이 조용하게 일을 시켰던 어머니는 아파서 고향집 떠나 서울병원에 온 지 10개월 되었다. 고향집에 가고 싶어 하신 어머니께 오늘(25일) 집에 간다는 말을 했더니 밝은 표정을 지으셨다. 좋아하시는 어머니를 보면서 가슴이 아렸다.

 구급차가 마을 입구 지나서 집 앞에 도착하니 동네 분들이 궁금했는지! 많은 분이 오셨다. 그분들을 기억하시고 한 분 한 분 인사하시는 어머니는 정신이 초롱초롱했다. 정신이 맑은 어머니를 보고 사위 다섯은 서울로 올라가고 정년으로 퇴임한 큰 사위만 집에 남았다.

 3일째 되는 날 오전 광주에서 시장 보기 위해 두 언니가 화장을 했다. 화장하는 모습을 본 어머니는 "오늘은 화장하지 마라." 말했는데 두 언니는 "엄마 먹을 것이 없어요. 시장 빨리 다녀올게요." 말하고 두 딸과 막내딸은 광주로 시장을 보러 갔다.

정신이 초롱초롱한 어머니는 좀 더 사실 줄 알았다. 그래서 사위 다섯이 서울에 올라갔는데 그날 오후 증조할아버지와 아버지는 하늘에서 종부로 고생한 어머니를 보고 계셨는지!

오후 3시경 누워 계신 어머니는 일어나 앉으며 "증조할아버지 오셨다. 증조할아버지 오셨다." 반복하시며 일어서려고 한다. "어머니 앉아서 인사하세요." 몇 번 반복하자 말없이 앉아계시더니 "가신다. 가신다." 일어서려는 어머니, 잠시 누워 있더니 또 시간이 좀 지나 "아버지 오셨다. 아버지 오셨다." 하더니 한참 있다. "가신다. 가신다. 나도 갈 거야. 나도 갈 거야." 몇 번을 외치는 어머니를 집에 남아있는 딸들이 어머니를 붙잡고 '가지 마세요.' 말하는데 큰 사위인 큰 형부는 "무슨 소리야, 어머니 아버지하고 같이 가세요." 한다. 잠시 머뭇거리며 앉아 있던 어머니는 다시 큰 소리로, 숙아, 숙아 팔을 몇 번을 젖히며 막내딸을 부르셨다. 숙이는 시장에서 안 왔어요. 말씀드리고 양아들에서 낳은 손자를 가슴에 안겨 드리려고 했다. 팔을 젖히며 오직 막내딸 이름만 부른다. 아버지 얼굴도 모르고 자란 막내딸이 마음에 걸리셨던 모양이다.

어머니 마음을 달래드리기 위해 양아들 등에 업혔다. 어머니는 양쪽 팔을 꽉 붙잡고 집 한 바퀴를 돌고 나서 조용히 눈을 감고 누워 계셨다.

오후 늦게 막내딸이 돌아왔다. 오늘 일어난 이야기를 듣고 펑펑 울며 어쩜 좋아 어머니를 불러보지만, 눈을 감은 채 눈물방울만 떨어뜨린다.

어머니는 큰 사위와 양아들, 딸 여섯 다 모인 자리에서 자정 12시 정각에 편안하게 눈을 감았다. 어머니 혼을 보내드리기 위해 밤 12시 30분 방문을 열고 밖으로 나갔다. 넷째 언니는 "어머니 가신다고 빗방울이 떨어지네." 말하기 좋아하는 언니 말대로 비는 한두 방울 떨어지더니 그쳤다.

양아들, 사위 여섯, 손자 9명과 손녀 10명 중 손녀사위 6명이 장례식에 참석했다. 마지막 가시는 길 어머니 관은 손자, 손녀사위들이 모시고 안방에서 동네 안쪽에 준비해놓은 꽃상여에 안치되었다. 어머니 살아생전 말씀이 "선산 아버지 곁에는 몇 년 흐른 뒤 이장하고 처음에는 내가 원하는 곳에 묻어다오." 하셨다. 꽃상여 앞에서 소리꾼 따라 행렬이 이어지고 우렁찬 소리와 스님의 목탁 소리로 동네 앞을 지나 집 뒤 원하신 장소에 모셨다.

다음 날 오전에 눈이 펑펑 쏟아졌다. 어머니가 빨리 가라는 신호라 생각하고 우리는 바삐 준비해서 8킬로쯤 갔을 때 눈발은 약해지면서 눈이 그친다.

"증조할아버지 오셨다. 아버지 오셨다." 눈으로 목격하고, 사소하게 일어난 일들이 우연인지 모르겠으나 '가는 길이 달라서인지' 무서웠고 거짓말 같던 TV 프로그램 전설의 고향을 믿을 수 있었다.

2022. 6.

교육청 여직원

시골집에 내려와서 생활하다 보니 시간이 무료했다. 나는 상과를 전공해서 광주에서 근무하는 형부한테 준비한 서류를 주면서 세무서에 제출해 달라고 부탁을 했다. 그리고 얼마 후 우체국 배달 아저씨는 등기봉투를 주고 간다. 뜯어 보니 세무서가 아닌 교사 발령 통지다. 더구나 구례로 발령이 났다. 참 당황스러웠다. 세무서에 제출하려고 가는 길에 교육위원회에 근무하는 친구를 우연히 길에서 만나 여교사 모집이 마감인데 교사 권유를 받아 서류 먼저 교육위원회에 제출했다는 형부, 세무서보다 여교사가 좋지 않나? 하고 말씀하신 형부께 할 말을 잃었다. 몰래 형부한테 부탁을 했는데….

어머니한테 광주언니 집에 다녀온다고 거짓말하고 구례에 가서 보고 결정하기로 했다. 67년 11월 20일 착잡한 마음으로 교육 청문을 열고 들어갔다. 여직원은 나를 데리고 교육장실로 안내한다. 인사하고 나오는 나에게 "잠깐 앉아 계세요." 교육장실에 다녀오더니 "12월 1일에 준비하고 오세요." 한다. 더구나 열흘간의 여유시간을 주었으니 좀 더 생각할 시간이 주어진 셈이다.

 주어진 10일 동안 교육에 관한 책을 읽은 후 결정할 마음으로 광주에 있는 서점으로 갔다. 어린이 심리에 관한 책을 거의 밤샘하여 읽고 또 읽었다. 그리고 가르치고 싶다는 마음이 들었다.

 어머니께 발령 통지서를 보여드렸다. 서울에서 고등학교, 대학을 나왔는데 집에서 결혼하기만 기다릴 수 없다고 말하고, 어머니 눈치를 보며 서 있는 나에게 "남에게 싫은 소리 듣기 싫어한 네가 과연 교사를 할 수 있겠냐."라고 말씀하신다. "제가 해 보려고요." "그럼 해 보렴, 무슨 일이 있으면 속 끓이지 말고 돌아오너라." 하신다. 그 말씀에 팔짝 뛰도록 기분이 좋았다. 다음날 새벽 버스 터미널로 갔다. 새벽 공기를 마시며 곡성읍을 지나 섬진강에 다다랐다. 강물은 말 없이 유유히 흐르고 이른 새벽 뗏목으로 물살을 가르며 강을 건너오고 있는 저분은 무슨 일을 하는 분일까? 궁금하고 그림처럼 예뻐 보였다. 초행길에는 강물이 의미 없이 보였는데 지금 보이는 강 건너 산 밑 마을은 동화에 나오는 마을처럼 예뻐 보인다. 마음이 간사스럽다. 험악하고 거대한 높은 산들이 지금은 낯설지 않고 아름답게 보인다. 가슴 한곳에는 풍선처럼 부풀어있는 마음!

　여유로운 마음으로 교육청 문을 열고 들어갔다. 10일 전 다녀가서 얼굴을 익혔는지 교육청 여직원이 반갑게 맞아주며 나를 보고는 "집 구하셨어요?" 물어본다. "이제 구해야죠." 여직원은 나에게 "바로 출근을 해야 하니 우리 집에 짐을 놓고 출근하세요." 그리고는 나를 데리고 간다. 집에 들어가려는데 대문을 보니 서장님 사택이다. 놀라는 내 표정을 보더니, "놀라지 마세요. 현재 아버지와 둘이서 살고 있으니 집 구할 때까지 머물도록 하세요." 그리고는 "퇴근 후에 봐요." 하고서 근무하는 곳으로 유유히 사라진다. 나는 고마운 마음으로 뒷모습을 한참 보고서 뒤돌아서며 발령받은 학교로 향했다. 설레는 마음으로 학교 교문 안으로 들어섰다. 운동장이 크고 교실 건물은 한옥으로 그 자태가 웅장하고 아름다운 모습으로 서 있다. 운동장 끝에는 바닥까지 늘어져 있는 앙상한 버들가지, 건물 앞 화단과 주변에는 큰 소나무 숲이 우거져 웅장하고 든든해 보인다. 중간 운동장을 지나면 뒤에 건물이 3개가 더 있다. 교장 사택 주변에는 소나무 숲을 이루고 공원으로 되어있다.

　조심스럽게 교무실을 찾아 들어가려는데 교직원 조회시간이다. 머뭇거리다 들어가서 인사하는 나에게 교장선생님이 선생님들께 내 소개를 한다. 그런 다음 학생들한테는 월요일

애국조회 때 소개하기로 했다. 하루가 어떻게 지나갔는지! 퇴근하고 사택에 도착하니 여직원이 먼저 집에 와 있다. 서장 사택을 들어가려니 죄 짓지 않았는데도 고개가 숙어지고 왠지 가슴이 조이는 기분이 들었다. 나는 집안을 둘러보고는 어머니는 어디계세요, 물었다. 동생과 광주에 있으면서 토요일에 가끔 온다고 한다. 아빠하고 둘이서 있으니 하숙집 구할 동안 편하게 지내라고 한다. 마음 놓고 학생들을 가르칠 수 있게 해주어서 고마웠고, 구례 주변을 파악할 수 있게 해주어서 너무 좋았다. 또 하숙집까지 직접 구해서 소개해주는 모습이 뇌리에 스친다.

  구례가 고향이신 곡성군 교육장님 댁으로 하숙을 소개했다. 그 집에 들어가서 교육장님 집이라는 것을 알게 되어 깜짝 놀랐지만 어쩔 수 없이 머물게 되었다. 집안에는 할머니, 사모님, 따님이 셋이고 아들 두 명 교육장님은(곡성군) 퇴근하고 저녁 시간에 들어온다. 대식구였다. 집이 크고 방이 많았다. 그리고 예쁜 정원도 있다. 특히 사모님이 예쁘고 단아하면서도 살림을 잘하시는 분으로 보였으며 할머니와도 잘 지내고 이상적인 가정으로 보였다.

  구례 오기 전 방학이나 집에서 잠깐 있을 때 집안 웃어른이 우리 집 대문에서 기침 소리가 나면 버선발로 토방으로 내려와 인사하고 뒤따라 방으로 들어간 다음 어른이 앉아 계신 모습을 보고 차를 조심스럽게 대접했었다. 그때는 현대

교육을 받았다고 그 생활이 좀 불만스러웠는데 안에서 하는 버릇이 밖에서도 자연스럽게 나온다.

하숙하는 집에서 퇴근하고 꼬리치마에 버선을 신고 소리 없이 다니는 내 모습에 예쁘게 봐 주시고 대단한 집안이라고 칭찬을 받았다. 그때야 가정교육이 중요하다는 것을 느꼈다. 그 뒤 학교에 손님이 오면 차 담당은 내가 했었다.

구례에서 3년 동안 어려움 없이 근무하면서 더 있고 싶었지만 집안 사정상 고향 모교로 가게 되었다. 구례에서 여직원을 만나서 근무할 수 있었고 어려움 없이 생활할 수 있었다. 처음부터 교육을 잘할 수 있게 도와준 교육청 여직원이 가끔 생각나며 지금쯤 건강하게 살고 있을까! 궁금하다.

2022. 4.

나의 친구

수녀님과 약속을 하고 집을 나섰다. 아파트 정원에 울긋불긋 화려했던 단풍잎은 떨어지고, 옷깃 사이로 바람이 스며들어 나도 모르게 몸을 한껏 움츠리며 걸었다. 지하철을 타고 을지로입구역에 내렸다. 골목길로 접어들어 딸과 같이 걷다 넘어졌던 장소를 보면서 무릎이 너무 아파 눈물이 나는데도 누가 볼까 싶어 신경 쓸 틈도 없이 번개같이 일어났다. 민망해하며 걸었던 골목길을 지나 명동성당을 바라보니 오른쪽 벽에 1898이라는 표지판이 붙어있다. 지하로 내려가니 깔끔하고 큰 서점, 찻집, 상가들이 있고 만남의 광장도 있다.

수녀님은 먼저 와서 나를 기다리고 있다. 1898 광장을 모르는 나에게 이야기를 해준다. 또 명동성당에서 지하 광장을 만들어 만남에 장소로 좋다면서 즐거워하며 필리핀에 2년 머물렀던 생활을 서슴없이 쏟아낸다. 힘든 일도 많았고, 사

소한 소지품이 없어져서 힘들었다고 말하는 수녀님, 말을 듣고 보니 생각할 수 없을 만큼 힘든 생활로 보였다. 한국에 돌아와서 한숨을 돌리고 있는데 방송하는 젊은 수녀님이 다리 부상으로 방송을 못하게 되어 대타로 한 달 동안 하루 1시간 방송을 하고 있는데 나와 같이 가자고 한다. 대기실로 가서 피디와 아나운서를 소개해주고 방송실로 들어가 웃으며 방송하는 수녀님을 보니 우리가 만났던 시간들이 떠올랐다.

나는 지방에서 중학교를 졸업하고 서울에서 고등학교를 다니게 되었다. 고등학교에 진학한 뒤 지방 사투리로 말하는 나는 서울 친구와 어울리지 못하고 주로 혼자서 다녔다. 1학년 국어 시간에 순번으로 책을 읽고, 내 차례가 되어 읽기 시작했다. 억양이 사투리여서인지 여기저기서 웃음소리가 났다. 겨우 읽고 앉으니 선생님이 웃는 애들을 꾸짖었다. 그래도 웃음은 그치지 않고 수업시간이 끝났다. 나는 국어시간이 싫었고 반 아이들에게 말하기도 싫었다. 그런 나에게 한 친구가 다가와 내 마음을 풀어주었다. 그 후 속마음을 터놓고 말하는 친구가 되었다.

언니 집에 있으면서 방학이면 지방에 있는 집으로 내려갔다. 고등학교 2학년 때 친구에게 여름방학 동안 시골에 내려가서 같이 지내자고 했다. 친구는 시골에 가 보지 않았다고 펄쩍펄쩍 뛰며 좋아한다. 우리는 서울역에서 완행열차를 타고 수다를 떨다 장성역에 도착했다. 전남 장성역에 내려 버스를 타고 마냥 웃고 즐거워하며 수다를 떨다 보니 집에 도착했다.

우리 동네는 세 마을은 같은 성씨들이 살고 있다. 다른 성씨의 사람은 얼마 안 된다. 그리고 우리 집은 조상 14분 제사를 지내는 대 종갓집이다.

친구는 우리 집안에 사람이 많아서 놀랐다고 한다. 함경도 친구 집에도 밖에서 일하는 사람이 많았으나 주인 물건을 마음대로 가져갔는데 "여기는 괜찮아?" 하고 묻는다. "여기는 1년 단위로 새경(지금의 1년 연봉)을 주고 있어 몇 년 살면 토지도 매입할 수 있고, 그 사람들도 잘 살 수 있어…"

친구는 우리 할아버지 할머니를 참 좋아했다. 할아버지 말씀을 들으면서 몸소 체험하며 즐거워했다. 또 동네 위 저수지 언덕에 앉아 학교 친구 이야기를 하며 까르르 웃기도 하고 냇가에서 다슬기를 잡으며 물속에 있는 돌에 미끄러져 넘어지면서도 재미있다고 깔깔대며 물장난하고 놀았다.

밤에 반딧불을 누가 많이 잡나 모아 병에 넣고 얼마나 밝은지 확인도 하고 주렁주렁 달린 복숭아를 씻어 먹기도 했다. 수박밭과 참외밭이 학교 운동장처럼 넓었다. 밭 한가운데 나무로 만든 2층 원두막이 있었다. 원두막에 올라갈 때는 삐걱거려 불안했지만 원두막에 올라 먼 산과 들판을 바라보니 파란색으로 물들인 것처럼 아름다운 경치에 감탄했다. 수

박과 참외를 먹으면서 수다를 떨며 행복해하는 친구를 보고 나도 덩달아 즐거웠다.

하루하루 즐겁게 지내다 보니 한 달이 되었다. 방학이 끝날 때쯤 아쉬워하는 친구와 서울행 완행열차를 탔다. 완행열차에는 좌석이 없이 입석으로 타는 사람이 많아 겨우 자리를 찾아 앉았다. 방학이 끝나고 상경하는 남학생들도 많았다. 완행열차답게 시끄럽고 큰 소리로 고향에서 있었던 일들을 옆 사람 신경 쓰지 않고 떠들어댄다.

친구는 창밖 시골 풍경을 보며 논두렁에 심은 벼에 대해 물었다. "저 벼가 가을이 되면 누렇게 되어 수학해서 쌀이 되거든, 그 쌀로 밥을 지어 먹을 수 있지!" 친구는 "농민들한테 감사하게 생각하고 먹어야 되겠네." 심각하게 말한다.

갑자기 생각난 듯 기차가 빠르게 지나가는 걸 보고 "세월도 저렇게 빨리 지나가겠지. 우리가 벌써 2학년 여름방학이 지났잖아. 1년 반이면 졸업이겠네." 다음에 기회가 되면 같이 한 번 더 와야겠다고 생각하고 있을 때, 남학생이 편지를 주고 간다. 남학생이 깔끔하고 괜찮아 보였다.

남학생 교복도 단정하고 좋은 학교다. 편지 내용도 건전하고 마음에 들어 친구가 만나보았으면 했다. 친구도 예쁘고 인기 있는 여학생이었다.

내 곁에 두고 싶은 마음에 변화 있기를 기대했지만 닫혀 있는 마음은 좀처럼 열지 않으려고 한다. 친구의 마음은 이

미 굳혀있었다.

 고3이 되어 잘 지내다 2월 26일 졸업식을 하고 숨 돌릴 새 없이 3월 3일 예비 수녀로 들어갈 때 결혼과 비슷하게 준비하고 수녀원에 들어갔다. 수녀원에서 몇 마디 하고 돌아서 오려니 흐르는 눈물을 주체할 수 없이 울고 있는 나를 보고 어머님이 "본인이 원해서 가는 거디, 너무 섭섭하게 생각하지 말라우." 그 말씀 하시고 걱정하는 나를 보며 "나 혼자가 아니고 하느님이 계시니 걱정하지 말라우." 하시며 인사할 새 없이 혼자 버스를 타고 가셨다.

 어머님 자녀들은 본인들이 원하는 삶을 살고, 어머니가 원하시는 삶을 살고 있다고 행복해하시며 90세까지 건강하게 살고 타계하셨다.

 우린 친한 친구지만 가는 길이 달라 서로 높여서 말을 하고, 종교에 대해선 서로가 말을 아낀다. 밝게 웃으며 방송하는 수녀님은 지금도 어려운 사람들을 보듬어준다. 수녀원에서 많은걸 깨우쳐주고 공부하게 해주어 항상 감사하게 생각한다고 말하는 수녀님! 끊임없이 노력하는 수녀님을 보고 배움은 끝이 없다는 것을….

2019. 3.

뉴스 보도 아쉬움

　교육은 시기를 놓치면 후회한들 그 시간은 돌아오지 않는다. 1999년 큰딸은 7월에, 아들은 8월에 유학을 보냈다. 캐나다 캠룹스로 아들은 학사 공부를 하러 갔다. 도착하고 3일 후 공중전화로 아들한테 전화가 왔다. 비상약으로 가져간 약 중에 신경안정제가 있느냐고 묻고 있다. 감기약과 소화제만 가져가서 알고 있을 텐데, 얼마나 답답했으면 전화했을까? 아들에게 숨을 깊게 들이마시고 내뱉어 봐, 몇 번 하면 안정될 거야, 그리고 전화를 끊었다. 직접 볼 수가 없으니 답답했다. 전화가 없으니 확인할 수도 없고 가슴을 졸이고 있는데 다시 전화가 왔다. 기숙사에 들어갔더니 일본 학생이 방에 불을 켜놓고 아들을 기다리고 있었다고 한다. 그 학생 방이라고 하면서 처음은 그러다가 좀 지나면 괜찮다는데, 좀 참을 걸 전화했다면서 오히려 엄마를 안심시킨다. 참 견디기

힘들었던 시간이었다

　큰딸은 대학 생활을 유학비 마련하기 위해 놀러 다니지도 않고 열심히 아르바이트를 했다. 그런데 1997년 4학년 IMF 때 환율이 급등해서 1998년에 졸업하고 유학을 포기했다. 그해 10월에 S대 동 대학원에 합격했다. 1999년 1월 말경에 미국에서 오디션이라도 보아야겠다고 뉴욕으로 갔다. 유명한 학교 네 군데를 보고 2월 말에 돌아왔다. 네 군데 다 되었다고 합격 통지를 3월에 받았다. 어려운데 합격했다고 좋아하시며 힘겨워도 가야지 말씀하신 교수님, 그래서 대학원을 한 학기 마치고 7월에 갔다. 그런데 11월 말에 TV에서 유학생 생활이 큰 문제가 있는 것처럼 며칠 동안 좋지 않은 방송을 연속 보도한다. 서양 문화를 잘 모르고 있는 나는 남매를 보내놓고 방송을 무시할 수 없었다. 내 아이들을 믿지만, 주변 환경을 내 눈으로 확인해야 마음이 놓일 것 같았다. 영어로 말 한마디도 못 한 나는 그해 12월에 캐나다 캠룹스에서 생활하는 아들한테 먼저 갔다. 밴쿠버 공항에서 갈아타려고 게이트 앞으로 갔는데 내가 타는 비행기가 4시간 연장이다. 기다리는 아들이 불안해할까 봐 연락해야 했다. 그때는 핸드폰이 없어서 용기를 내서 캐나다 여직원한테 지폐와 전화번호를 보여주고 손가락으로 흉내를 냈다. 바로 알아듣고 가게에 들어가 동전으로 바꾸어 공중전화로 가더니 상대방을 확인한 다음 나에게 수화기를 준다. 참 고마운 분이었다.

비행기를 타고 하늘을 날 때 함박눈이 쏟아진다. 눈송이가 얼마나 큰지 창밖이 잘 보이지 않고 비행기는 낮게 날아 산 꼭대기에 닿을 것만 같았다. 출발하고 40분이 되어 도착했다. 공항에 내리니 어둑어둑한 날씨에 폭설로 날리는 눈을 맞으며 대합실 쪽으로 갔다. 놀란 얼굴을 하고 서 있는 아들 눈에서 눈물이 흐른다. 얼마나 걱정했는지 엄마를 잃어버린 줄 알고 추운 줄도 모르고 기다렸다는 아들! 눈물을 참고 떨린 가슴을 안정시키며 아들 손을 꼭 잡았던 기억이 생생하다. 어찌나 눈이 많이 쌓였는지 너무 추워서 눈이 뭉치지도 않고 바람에 날린다. 아들이 택한 곳을 믿고 알아보지도 않고 보냈는데 이렇게 추운 곳일 줄이야. 미국 동부는 등록금이 비싸서 저렴한 캐나다로 보냈는데 로키산맥이 가까운 추운 곳인지 몰랐다.

아파트로 된 기숙사는 깨끗하고 여러 동이 있었다. 다행히 아들 방은 테라스도 있고 좋아 보였다. 큰 부엌 하나에서 4명이 사용하고 욕실 둘, 방 4개에서 각 나라 한 명씩 사용하고 있었다. 잘못하면 기숙사에서 쫓겨난다고 한다. 자유스러우면서도 엄격했다. 규칙을 어기는 아들이 아니기에 안심이 되었다.

학교에 가면서 내가 밖에 나가 길을 잃어버릴까 봐 문을 잠그고 열쇠를 가지고 간다. 수업이 끝나면 숨을 헐떡이며 뛰어오는 아들을 보고 오히려 나에게 신경 쓰는 것 같아 하루 먼저 뉴욕으로 가기로 했다. 아들은 걱정스러운지 공항으로 전화해서 '한 가족 서비스'를 신청하고 또 뉴욕행 안내 글을 내 손에 쥐여 주며 도착해서 직원한테 보여주라고 한다. 직원이 글을 보고 도우미를 불러 준다. 도우미와 같이 뉴욕행 게이트 앞으로 갔다. 도우미는 한국 유학생이었다. 그때 공항 직원이나 학생 모두 정확하면서도 책임감이 있고 고마웠다.

뉴욕행 비행기를 타고 창밖을 내려다보니 높은 산맥과 넓은 토지를 볼 수 있었다. 사람은 보이지 않고 조용한 시골집이 눈으로 들어온다. 초원을 내려다보며 바쁘게 살아온 지난 나의 생활이 숨 가쁘게 느껴졌다. 잠시 뒤를 돌아보게 했던 시간이었다.

뉴욕에 도착하여 캄캄한 하늘에서 돌고 있을 때 창가 아래를 내려다보니 바닷속에 보석을 보고 너무 아름다워 눈을 떼지 못하고 와~아~ 입을 다물지 못했다.

마중 나온 딸을 만나 하늘에서 바닷속 보석을 보았노라 했더니 웃으면서 맨해튼이 섬이라 불빛이 강에 비추어 아름답게 보인다고 한다. 지금도 황홀한 바닷속 보석으로 뇌리에 남아 있다.(그때 뉴욕 라고야디아 공항은 작았다. 지금은 공사를 해서 아주 크다.)

도착한 다음 날 뉴욕에도 눈이 펑펑 쏟아진다. 눈을 맞으며 학교 도서관으로 갔다. 그때는 맨해튼 음대 합격자만 콜

롬비아 대학에서 어학 수업을 했다. 또 영어급수를 패스해야 음대 수업을 할 수 있었다. 좋은 학교 도서관에서 공부할 수 있었다고 좋아하는 딸, 그날도 학교 앞 리어카에서 빵과 커피를 사 들고 엄마한테 보여주고 싶다고 도서관 쪽으로 갔다. 역시 웅장해 보였다. 펑펑 쏟아지는 눈을 맞으며 책을 보는 남학생을 보고 아들 생각이 났다. 시골에서 고생하는데 딸은 화려한 도시에서 생활하니 나도 모르게 짜증을 많이 냈는지 그때 딸이 아주 서운했다고 한다. 딸 생활을 보러왔는데 반대로 좋은 곳을 보여주려고 하는 딸, 명품을 모르는 나에게 딸은 옷집이 세일 하는 곳을 알아놓고 입어만 보라고 하더니 엄마 모르게 샀다. 뉴욕에 가서도 바이올린 아르바이트를 하고 있었다.

  아들이나 딸도 성실히 잘하고 있는데 잠시나마 믿지 못하고 확인하고 돌아오면서 어쩔 수 없는 엄마로구나, 하고 미안한 마음이 들었다.

  그때 TV 보도하면서 "유학생 중에 문란하게 생활하는 학생도 있다."라고 보도했다면 놀란 가슴으로 일주일 동안 말도 통하지 않은 두 나라를 급히 다녀오지 않았을 텐데 하는 아쉬움이 남아 지금도 뉴스를 보면서 정확성을 믿어야 할지 의심된다. 사실의 확인 여부를 일부분인지 전체인지의 구분 정도를 명확히 해주는 보도는 언제나 들을 수 있을까.

2022. 11.

회상

남색 코트를 입고 지나가는 여인을 보니 몇십 년 전 일이 스친다. 교사로 발령받고 가 보니 하숙을 하는 곳이 없었다. 4개월 정도 하숙을 하고 방을 구해서 나가려는데 하숙집도 방도 없다. 학교 부근 냉천리라는 동네에 같은 학교 교직원 선생님 집에 다행히 빈방이 있었다. 할아버지 내외분, 선생님 내외분, 자녀가 다섯 명이었다. 대가족이었다.

내가 사용할 방이 뒷방인데 대나무 껍질로 만든 장판이 깔려있다. 집도 크고 여유 있는 집으로 보였는데 안채 뒷방을 보고 좀 놀랐다. 우리 집은 사랑채 머슴방을 대나무 껍질로 장판을 깔았는데, 하지만 방이 없는데 어쩌랴 이것도 감사해야지. 주저하지 않고 바로 들어갔다. 학교에는 화장실이 제대로 되어 있는데 가정집은 허술한 2층이다. 왜 2층이지 신기해하면서도 좀 무서웠다.

봄 소풍 때 화엄사로 가서 돌아오는 길에 여학생이 급하다고 한다. 마을을 지나다 동네 집으로 들어갔다. 마루턱에 앉아있는 할머니께 말을 해도 알아듣지 못해서 흉내 내며 뒷간이라고 했다. 그런데 큰 흑돼지가 있는 2층을 가리킨다. 깜짝 놀랐다. 어린 학생이 잿더미가 있는 데로 가더니 일을 보겠다고 한다. 그 화장실을 보고서 왜 가정집에 화장실이 2층에 만들어졌는지 알게 되었다. 제주도도 그때 같은 방식으로 키운다고 들었다. 내 고향은 돼지 굴이 따로 떨어져서 있었고 흑돼지를 길렀다. 처음에는 놀랐지만 지방마다 살아가는 생활이나 풍습이 달라 보여서 조심스럽게 다가갔던 기억이 난다.

또 그 지역에 소아마비 어린이가 가끔 보였는데 내가 살고 있는 집 선생님 둘째 딸이 소아마비다. 어려서 소아마비로 인해 두 다리를 쓰지 못하고 두 손으로 기어 다니며 모든 일을 해야 했다. 그런데도 언제나 밝은 얼굴로 생활하며 책을 많이 보고 있는 미덕이에게 가끔 친구가 되어주었다.

그 무렵은 휠체어가 없었는지 중학교를 어머니가 업고서 데려가고 데려온다. 밝은 표정으로 웃는 여학생 모습이 지금도 미소 지으며 나를 보는 듯하다. 추억이 많은 곳이기에 구례를 잊을 수 없다.

　지금도 사모님 얼굴이 아른거린다. 사모님이 착하게 살아서 그랬는지! 서울법대 나온 청년이 고시 공부하러 화엄사에서 지내다 우연히 미덕(소아마비)이를 한 번 보고 집으로 찾아왔다. 남학생은 부모 허락을 받고 등에 업으니 덜렁덜렁한 다리를 전혀 생각지 않고 업고 데이트하러 대문 밖으로 나가는데 하면서 울먹였다. 한 번 두 번 데이트 하더니 어느 날 결혼하겠다고 해서 가족이 깜짝 놀랐다고 한다. 그건 안 된다고 만류해도 법대생은 듣지 않고 공부를 포기하고 결혼하겠다고 하니…. 아들을 힘들게 가르치고 키웠던 가족은…. 그래서는 안 된다고 여자 쪽 가족이 강경하게 말렸는데도 전혀 굽히지 않고 법대생은 직업을 갖고 결국 결혼을 했다. 미덕은 결혼한 후 누구에게도 의지하지 않고 휠체어를 타고 빨래며 음식도 혼자서 하고 남편 뒷바라지하면서 남매를 잘 키운다고 한다. 사모님이 마음이 놓인다고 하면서도 눈물을 훔친다. 마음 한구석에 사위 부모님께 죄를 지은 기분이라고 말하는 사모님! 지나고 보니 사모님 심덕 덕택이 아닌가 싶다. 가족이 마음이 유하고 남을 배려하는 분들이었다. 그분들의 심성이 뇌리에 스친다.

그 집에 들어가 살 때 좋은 일도 많았지만, 들어간 지 한 달도 안 되어 도둑이 내 방에 들어가 쓸어 간 일이 있었다. 언니가 광주에서 살고 있을 때 주말에 광주에 갔다. 클레오파트라(엘리자베스 주연) 영화를 보고 싶었다. 영화를 보고 다음 날 첫차를 타고 구례에 도착해서 걸어가고 있는데 아주머니 한 분이 나를 보더니 "아이유 선생님 소식 모르지라우잉. 선생님 방에 있는 물건을 도둑이 다 가져가 버렸어라우. 어쩐다요. 그 집 난리 낫당께요." 건성으로 듣고서 집에 도착하니 할머니 얼굴은 새까맣고 말씀도 못 하시고 누워 계신다. 집안은 뒤숭숭하다. 오히려 내가 미안했다. 내 것 잃고 인심 잃는단 말이 있다. 이미 내 곁에서 떠난 것 인심이나 잃지 말자 나 스스로 다짐하며 "비싼 물건도 없고 괜찮아요." 하며 아무렇지 않게 말씀드리고 생활했다. 그 무렵 선거 때인데도 서장님이 꼭 찾아 주겠다고 말을 하지만 별것 아니라고 했다. 좀도둑인데 찾아서 아는 사람이면 더 곤란하지 않을까? 싶었다. 마음은 그냥 웃었지만 아무도 없는 내 방에서는 무섭고 또 우리 집에 말도 못 하고 소리 없이 많이 울었다.

어머니가 벼 닷 섬 팔아서 그때는 광주시 충장로 양장점에서 제일 좋은 옷감으로 남색 코트를 해 주었다. 11월 말에 찾아 겨울에 입고 도둑을 맞았으니 마음은 헤아릴 수 없었다. 코트 주머니에는 학급비도 있었다. 남아 있는 물건은

태피터 겹 꼬리치마와 얇은 스웨터, 버선만 남았으니 참 허전하고 허무했다. 큰마음 먹고 해주신 어머니께 미안한 마음이었다.

참고 견디다 보니 선물로 좋아하는 피아노와 플루트를 배우게 되지 않았던가? 나에게는 큰 수확이었다. 여름방학 지나서 학교 뒤 사택으로 가게 되었다. 늦은 밤에 또는 이른 새벽에 마음껏 연습할 수 있어서 얼마나 좋았던가.

사모님 집에서 나온 뒤에도 가족처럼 품어주셨기에 객지 생활을 잘 하지 않았나 싶다. 구례에서 근무할 수 있게 도와주신 분께 감사한 마음이고, 남에게 베풀 수 있는 여유를 갖게 해준 곳이기에 뇌리에 남아 있다.

2023. 4.

뭐가 마음에 안 드는데

그이 기제사는 그이 말대로 간단하게 차려놓고 산소에 갈 때 평소에 좋아하는 음식 몇 가지만 가지고 다녀온다. 40년 동안 기제사 지내는 습관이 몸에 배서 음식을 만드는 것이 오히려 마음이 편하다. 조상님이나 그이가 없다면 내 자녀가 없을 테니까, 감사한 마음으로 즐겁게 지냈다. 우리의 만남은 그 시절에 그이는 35세, 나는 31세 나이가 많다 보니 주변에서 서둘러 선보고 바로 결혼하게 되었다.

교직 생활 9년 되던 해 4월 학년 초라 바쁜데 서울에서 전화가 몇 번 왔다. 언니가 병원에 입원했으니 올라오라는 전화다. 이번에는 큰언니 집에 가지 말고 바로 셋째 언니 집으로 오란다. 밤에 도착해서 조심스레 대문 벨을 누르고 안으로 들어가니 집안은 평온하다. 형부한테 언니는 어디 아파요? 물었다. "내일 아침 병원 가 보면 알아요." 궁금했지만 더 이상 묻지 않았다.

　병문안 가는데 자꾸 화장도 하고 옷도 신경 써서 입으라고 하는 형부. 원래 잘 입고 다니는데 이상하시네, 생각하며 병실로 갔다. 언니는 멀쩡해 보였다. 맹장 수술했다는데 아주 얼굴색이 좋았다. 나를 왜 오라고 했지! 생각하고 있는데 병실 문이 열리며 큰 형부 큰언니가 들어오더니 뒤따라 둘째 형부 둘째 언니가 들어온다. 당황해서 서 있는데 다시 병실 문이 열리더니 흰 가운 입은 남자와 정장 입은 신사, 단아한 여자가 들어온다. 삼 남매였다. 이건 또 뭐지 하는 순간 흰 가운 입은 남자에게 여기는 큰 처형이고 여기는 둘째 처형 하고 소개를 하고 있지 않은가? 소개 한마디 없이 굳은 표정으로 멍하니 서 있는 나에게 데이트하라니 어이없었지만 우선 이곳에서 탈출이 필요했다. 일단 밖으로 나왔다. 봄바람이 분다. 어디를 가서 시간을 보낼까 생각하다 영화를 보기로 했다.

　극장에서 나와서 헤어지고 언니한테 바로 기차역으로 간다고 전화했다. 전화를 받고 형부와 동생이 서울역으로 달려와서 하는 말이 "뭐가 마음에 안 드는데?" "집념도 강해 보이고 내 스타일이 아니에요." 하고 기차를 탔다. 며칠 후 전화가 빗발친다. 한 번만 더 보라고 한다. 할 수 없이 만나는 장소에 형부와 어린 조카를 데리고 나갔다. 그런데 시아버지 되실 분이 앉아 있지 않은가. 관심도 없어서 인사만 하고 조카하고 장난치며 놀고 왔다. 광주로 내려온 후 2주 후에 시아버지 되실 분이 찾아왔다. 우리 집에 가 보자는 말에 어이없었다. "안 되는데요." 형부 이야기를 하면서 집만 보자고 한다. 할 수 없이 모시고 갔다.

　어머니는 서울에서 연락을 받았는지 놀라지 않으시고 차를 가져오신다. 몇 마디 주고받더니 결혼 날짜를 5월 26일로 받아왔다고 하신다. 그때가 4월 말경인데 어머니도 이른 날짜에 놀라신다. 나는 아니라고 하고 집에서 나왔다. 광주로 가는 차 안에서 시아버지 되실 분한테 이름도 모르고 결혼할 수 없다고 했다. 받아온 날짜에 해야 한다고 막무가내다. 시아버지 되실 분은 체격도 좋고 한전 소장님인데 깔끔한 분으로 보였다. 왜 마음대로 하려고 할까? 어머니한테 결혼 못 하겠다는 말을 할 수 없어서 고민이 되었다.

　마지막으로 신랑 되는 사람한테 결혼할 수 없다고 말했으나 "그냥 합시다." 이 사람도 말이 안 통했다. 내 편은 한 명도 없었다. 언니들도 선보고 결혼했는데 잘살고 있다. 그래서 체념하고 결국 결혼을 했다. 단둘이 있으면 어찌 그리 어색한지! 일 년 후 딸아이가 태어나니 "하나만 잘 키웁시다." 하는 그이. 어쩌다 둘째 딸이 태어났다. 딸 둘만 잘 키우자고 했다. 그런데 사위한테 아들이 필요하다고 보낸 친정어머니의 편지를 읽고서 할 수 없다며 셋째를 낳았는데 다행히 아들이다. 어머니 말대로 아들을 낳았다. 형제가 많아서 아들이 필요 없다던 그이는 시댁 갈 때마다 앞세우고 간다. 머쓱해 하면서 있으니까 데리고 간다고 변명을 한다. 아들이 있어서 떳떳한지 당당해 보였다. 시댁은 형제들이 집집마다 아들만 있고 우리 집만 딸이 있다.

그이는 6남매에 큰아들이다. 누나, 여동생, 남동생 3명이다. 새로 온 시어머님이 계시는데 큰며느리인 나는 결혼하고 일 년 후 돌아가신 시어머니 제사를 우리 집에서 지냈다. 3년 지나 조부모님 제사도 모시게 되었다. 시동생 세 명도 결혼해서 애들이 두 명씩이다. 제삿날이면 시누이 부부는 당일에 와서 밤에 간다. 시동생 세 집 가족은 당일날 와서 자고 그 다음 날 아침에 출근한다. 한 아파트에서 오래 살다 보니 이웃 주민은 나에게 원시인이냐며 왜 잠까지 재우느냐고 한 소리씩 한다.

지금 생각해 보니 음식을 참 많이 했던 기억이 난다. 전을 일곱 채반을 부친다. 먹이고 재우고 싸주기까지 했다. 그때 나는 직장과 애들 키우며 힘들었는데 피하지 못하면 즐겨야 한다고 생각했던 것 같다. 그런 나를 보고 "형님은 제사 지내기 좋아하잖아요." 하는 아랫동서! 어이없어서 웃을 수밖에 없었다. 나물도 7~9가지 준비해서 맛있다고 먹으면 기분이 좋았다. 제사 지낸 다음 날은 비빔밥 먹는 날이다. 우리 집 애들은 제사에 거부감이 없다. 유학 가서도 명절이 되면 나물 냄새가 난다고 아쉬워했다. 그렇게 북적이던 제삿날이 몇 년 지나서 누나 초청으로 미국으로 시동생 두 가족이 이민가고 남은 삼 남매 가족이 38년을 지냈다. 시동생이 새 가족을 맞은 후부터 2년은 우리 가족끼리만 지냈다.

40년을 지냈으니 할 만큼 했다면서 그만 지내라고 한다. 그이 몸이 좋지 않아 더 신경 쓰이는지 내가 외출하는 날 아줌마를 시켜서 제기를 밖으로 내놓았다. 시어머님이 사주신 남원 최고급 제기였는데 깜짝 놀라 밖에 나가 보았으나 없어졌다. 화난 표정을 보니 "가지고 있으면 계속 지낼 거 잖아." 하는 그이. 시부모님 제사는 절에 모셨다.

꼼꼼한 성격이라 시댁 일을 나보다 먼저 알고 화를 낸 그이. 그래서 내가 고자질한다고 오해를 받았다. 그이한테 단 한 번도 시댁에 대해 나쁘게 이야기한 적이 없다. 가끔 그이는 시댁 식구 변명을 해주는 나에게 저러다 당하지! 하던 말이 현실로 다가와 결국 우울증에 걸렸다. 몇 년 헤매다 치유되어 정상으로 돌아왔다. 지금 생각해 보니 예전에 제사를 지내고 여러 사람이 골고루 음식을 나누어 먹을 수 있어서 참 행복하고 좋았다.

2023. 9.

4.
차와 함께하는 날

두 부자

아들 졸업식에 초대장을 받고 그이와 토론토에 갔다. 6월 중순 토론토 날씨는 유난히 맑고 푸른 하늘이 청명해 보였다. 공항에서부터 분위기가 차분하고 조용하다고 하는 그이…. 처음 아들 유학을 보내고 언제든 돌아올 수 있게 여윳돈을 보내라 했는데 졸업식에 참석하려니 감개무량하다고 한다.

남자 형제가 많으니 딸 둘을 잘 키우자고 했던 그이는 장모님의 편지를 받고 웃으며 어머니 마음을 기쁘게 하려면 어쩔 수 없네! 그리고 장모님 말대로 아들을 낳았다. 기쁨도 잠시 아들을 낳고 1년 후 시댁 가정사로 우울증에 시달렸지만, 집안일이기에 누구한테도 말을 못 했다. 아들 7살 때 우연히 직장을 갖게 되어 몸은 점점 나아졌다. 아들 저학년 때는 성적이 좋았는데 4학년 때 담임이 3번 바뀌고 5학년 때는 2번 바뀌었다. 내가 집에 있으면서 챙겨야 했는데 그러지 못해서 성적은 점점 나빠졌다. 또 두 누나가 악기를 배우고 보니 저학년인 아들에게 할애할 시간이 더 없었다. 아들은 책상에서 오래도록 앉아 있는데 성적은 그대로다. 유학 보낸 후 방을 치우다 보니 장난감이 쏟아져 나온다. 만들기를 하고 있었는지!

다행히 학교에서나 밖에서 말썽부리지 않고 고등학교까지 졸업했다. 졸업하고 마음에 드는 학교에 갈 수가 없어서인지 유학을 가고 싶다고 한 아들! 목표가 있나 하고 내심 반가웠다. 고등학교 졸업하던 해 1999년 8월에 밴쿠버에서 가까운 캠룹스로 갔다. 시골 학교로 가서 해 보겠다고 한 도시가 로키산맥 가까운 휴양도시였다. 겁이 많은 아들이 정착할 때까지는 힘들어했다. 중도에 고국으로 돌아오려나? 늘 걱정이었다. 1년 6개월 지나서 아르바이트로 그 지역방송 DJ를 하는 걸 보고 놀라면서 대견해 보였다. 군대에 다녀온 다음 캐나다에서 졸업해야 취업하고 떳떳하게 고국을 다닐 수 있다고 한다. 그러면서 유학 3년 되던 해 군대에 갔다.

다녀온 다음 학교를 토론토로 옮겨야겠다고 하는 아들, 다시 시작이 되는데 마지막 기회로 알고 열심히 하겠다고 한다. 그 결심이 가상히 여겨져 믿고 보냈다. 다행히 맨해튼에서 큰누나는 결혼하고 박사학위 공부하면서 살고 작은 누나는 석사 공부할 때다. 맨해튼에서 토론토까지 비행기로 50분

소요된다. 엄마 대신 두 누나가 토론토로 가서 주변 생활환경도 보고 생활할 수 있게 준비해 주고 왔었다. 누나가 엄마 역을 해주어서 고맙기도 하고 미안한 마음이었다. 나는 학생들 가르치는 일에 바쁘다는 핑계로 못 가 보고 2009년 졸업식에야 그이와 참석했다.

졸업식 초대를 받고 배정된 자리에 앉아 주변을 둘러보니 한국의 졸업식과는 달랐다. 월요일부터 금요일까지 5일 동안 오전, 오후 나누어 졸업식을 한다. 우리는 화요일 오전 10시였다. 졸업식에 밴드부가 있고 졸업생이 입장하면 앉아있던 학부모가 일어나 졸업생 전원이 들어올 때까지 기립박수를 친다. 맨 나중에 교수 입장인데 영국 전통악기 백파이프 연주와 그 뒤에 교수님이 등장한다.

졸업생들 하나하나 호명하면 단상에서 졸업장을 받아 간다. 아들 이름 부르고 전 과목이 올A라고 발표한다. 박수 소리를 들으며 친정어머니 생각에 눈물을 훔치며 기뻐했던 순간이었다. 친정어머니 권유로 낳은 아들, 버릇이 없을까 봐 엄격하게 키웠고, 공부는 결과보다 과정을 중요시했다. 빗나가지 않고 잘 자라주었다. 졸업식 끝나고 나오는데 아들 키가(181㎝) 좀 커서인지 눈에 쉽게 들어온다. 화려한 드레스를 입고 온 여학생도 보이고 졸업식이 끝나고 간단히 리셉션이 있었다. 리셉션을 보면서 미국 음대 두 누나 졸업식 때도 샴페인 잔이 줄지어 있던 광경이 떠오른다. 음대라 그런지 정말 화려했다. 그때 의대 졸업과 법학 전문 대학원 졸업식 표가 있어서 참석했었다. 학교마다 졸업식이 조금씩 달라 보였다. 또 고등학생은 졸업식 하기 전에 파란 가운과 사각모를 쓰고 거리에 다니는 모습을 볼 수 있었다. 순수한 모습이 그대로 보인다. 참 다양한 졸업식을 보았던 지난날이 스쳐간다.

 졸업식이 끝나고 집에 오더니 아들은 지금까지 오랫동안 돌봐주어서 감사하다며 앞으로 생활은 자기가 알아서 하겠다고 하더니 결혼식을 혼자서 해결했다. 또 학교에서 학생 지도하라고 교수님이 10명을 정해주어서 2년을 지도했다고 한다. 학교에서 아들 통장으로 입금해 준 돈을 한 푼도 안 쓰고 아빠 칠순 기념 여행을 예약했다니! 어찌 감동을 받지 않겠는가? 나이아가라 근처 쉐라톤 폴 호텔 측에 아빠 칠순이라고 말했더니 전망이 좋은 층으로 예약이 되었다고 즐거워했었다.

 큰딸이 카네기 홀에서 연주할 때 공연을 보러 나만 뉴욕에 왔다가 딸과 사위 히고 2003년 5월에 나이아가라 폭포를 보러 갔었다. 5월 중순이라 얼어있어서 6월에 개장한다고 한다. 배를 타지 못하고 폭포만 보고 보스턴으로 갔었다. 이번에는 6월 중순이라 비닐 옷을 걸치고 배를 타고 폭포 뒤쪽으로도 가 보았다. 거대한 폭포는 볼 때마다 감탄사가 절로 나왔다. 와인 농장에서 시식도 하고 쇼핑도 하며 2박 3일은 꿈같은 시간이었다.

20일 동안 머물렀기에 천 섬에도 갔다. 섬이 천 개여서 천 섬이라고 한다. 한쪽은 미국 땅, 캐나다 땅과 나뉘어 있다. 2시간 30분과 3시간 30분 두 코스의 배가 있다. 3시간 30분은 미국 이민국을 들러서 돌아오는 배다. 배를 타고 한참 가고 있는데 "천당이 따로 없네. 죽어서 천당에 간들 어찌 알겠는가? 이게 천당이지." 그이 말이다. 그랜드캐니언이 더 웅장하고 빛의 색깔이 바뀌는 걸 보면 더 예쁘던데 같이 보면서도 느끼는 감정은 다른 것 같다. 그랜드캐니언을 보고는 "참 거대하고 웅장하네." 몇 마디뿐이었다.

토론토에 있은 거대한 박물관과 미술관을 관람하며 '두 부자'가 정답게 대화하는 모습을 의자에 앉아 바라보고 있었다.

2023. 4.

친정어머니

올해는 음력 3월 5일이 양력 4월 5일 부모님 기제사 날이다. 어머니 돌아가신 뒤 양아들이 지냈다. 지금은 양아들 자녀 삼 남매가 결혼해서 손자, 손녀가 있다. 번거롭기도 하고 코로나로 왕래할 수도 없어서 우리가 지내겠다고 했다. 그동안 애도 많이 썼다. 2021년에 셋째 언니 집에서 지냈다. 큰언니와 둘째 언니는 같은 나이(74세)에 돌아가시고 남아있는 딸이 돌아가면서 한 번씩 지내고 절에서 모시기로 했다. 음복하면서 이미니 살아오신 삶에 관해 이야기가 나왔다.

딸만 7명을 낳으신 어머니, 내 위로 언니는 낳자마자 하늘나라에 보냈다. 동생은 전쟁 때 피난 가서 낳아서 1950년 2월생이다. 마을 이름 한 자를 넣어서 이름을 지었다. 나하고는 6년 차이다. 아버지는 외부에서 일을 보시다가 6·25 전쟁 무렵 집에 오셨다. 우리 가족은 피난 가서 방 두 칸 좁은 집에서 어렵게 살고 있는데 아버지는 고향에 다녀오시겠다고 나가셨다. 돌아오실 때는 열병을 앓고 있는 군인을 들쳐 업고 집에 오셨다. 좁은 집에 아픈 사람을 들쳐 업고 왔으니, 가족은 놀라서 안 된다고 만류했다. 동네 아는 청년이 군복을 입고 길에 쓰러져 있는데 모른 척하고 올 수 없어서 데려왔노라고 하는 아버지! 어머니는 아버지 하시는 대로 따랐다. 조부모님은 건넛마을 친척 아저씨 기거하는 방에 잠시 머물렀다. 피난살이라 어려워도 참고 견디셨다. 방 하나에 갓난아이와 딸 다섯 그리고 어머니, 우린 어렵게 지내면서 아버지한테 병이 옮길까 봐 같은 방에서 생활을 만류했는데도 어쩔 수 없다면서 치료했다. 그분은 살고 아버지한테 옮겨서 치료도 못 받고 결국 돌아가셨다.

산후조리도 못 하신 어머니는 돌아가신 아버지를 모시고 고향으로 돌아올 때 마음이 어땠을까? 아버지 원망을 많이 했을 텐데 식구들 앞에서는 내색을 안 하신 어머니는 참 대단한 분이다. 고향에 와 보니 타버린 안채와 사랑채 터를 보고 멍하니 보고 있는 어머니의 표정이 잊히지 않는다.

머슴이 기거했던 집과 헛간 두 채는 남아 있었다. 방을 만들어 임시 머물며 지내고 아버지 묘를 안방에서 보일 수 있게 모셨다. 사랑채 자재로 6·25 때 비행기에 폭격당할까 봐 손수 사람을 시켜 내려서 보관했다. 그 자재로 안채를 빠른 시일에 지었다. 아버지 49재(7일째 되는 날 삭망을 지낸다) 그

　때마다 조부모님 앞에 나설 수 없어 삭망을 지내는 동안 몰래 광으로 들어가서 혼자 울고 있는 어머니를 보았다. 아버지를 그리면서도 얼마나 원망하셨을까? 남 앞에서 표현도 못 하고 참고 견디는 어머니, 돌아가신 아버지 모시고 조부모님과 갓난 아이와 딸 여섯을 데리고 고향으로 돌아갈 때 심정은 무슨 말로 표현할 수 있으리! 내가 교사 생활할 때 어머니께 물어보았다. 한참 생각하시더니 빙그레 웃으시며 "참 그때는 하늘과 땅이 맞닿은 것 같아 아무것도 보이지 않았지! 하지만 남은 사람은 살아야지. 그래서 이를 악물고 버티었단다. 살아보니 억척으로는 잘 사는 것이 아니더구나. 지혜로 다독이며 살아야 한다."고 말씀하셨다.

　어머니는 부유한 집에서 태어나 부족함이 없이 자라셨는데 체구도 작고 천생 안방마님으로 보인 어머니, 지혜와 힘이 어디에서 나왔는지 지금 생각을 해 보아도 대단하셨던 어머니!

　교육에도 관심이 많았다. 아주 시골에서

살면서 딸 교육도 남달랐다. 큰언니가 서울에서 살고 있기에 나는 고등교육부터 서울에서 배웠으니 큰언니의 보탬도 컸지만, 모든 면에서 어머니 그늘과 덕이 아닌가 싶다. 동생은 중학교부터 서울에서 다녔다.

바로 위 언니 결혼하고 집으로 내려오라는 어머니 말씀이 있었다. 큰 집에 할머니와 어머니 두 분만 살고 계시니 거절할 수 없어 집으로 왔다. 그 무렵 서울 바람이 불어서 젊은 사람이 서울로 상경을 해서 일손이 부족했다. 토지는 남에게 맡기고 바쁘지는 않은데 몇 개월 있다 보니 너무 지루해서 세무서에 서류를 접수해 달라고 부탁했다. 조금 지나서 교사 발령 통지를 받았다. 그때는 참 당황했다. 다행히 교직 과목을 이수하면 교사를 할 수 있었다. 교사 모집이 있을 때 우연히 알게 되어 서류를 교육위원회에 보냈다고 했다. 처음은 당황했지만, 결심한 후 어머니께 말씀드렸다. "싫은 소리, 듣기 싫은 네가 감당할 수 있겠냐. 잘 생각해서 결정하렴." 나에게 결정권을 주셨다. 결정했다고 말하자 잘해보렴, 하셨던 어머니!

따로 사는 아들 집에 손자들이 있는데도 같이 살고 있는 손녀만 챙기셨던 할아버지 할머니, 우리도 어머니 좋아하는 음식보다 할머니가 좋아하는 음식이나 과일을 사서 가지고 집에 온다. 그만큼 보이지 않는 어머니의 그늘에 웃어른 모시는 법을 자연히 배웠다. 대농에 많은 사람을 대하는데도 큰 소리 안 하시고 아랫사람을 부리는 어머니 모습이 나에게 전파되어 내가 가르치는 곤란한 학생들에게 조금이라도 베풀 줄 알게 해준 어머니를 존경하게 되었다.

어머니의 생활 규모를 지켜본 우리 형제는 결혼해서 알뜰하게 살림해서 지금은 아쉬운 소리 안 하고 건강하게 잘 지낸다. 부모님이 잘 살아오신 덕이라고 형제들은 말한다. 상대방에게 독한 말을 하면 말한 사람한테 되돌아간다고 말씀하셨던 어머니, 살면서 주위를 보니 맞은 말씀이었다. 말은 오래도록 여운이 남으니. 말할 때는 좀 더 생각하고 해야 한다는 것을….

어머니를 그리워하는 딸은 언제나 존경하고 사랑합니다.

2023. 4.

고마운 마음

사진을 보니 20년 지난 세월이 생생하게 뇌리에 스친다. 뉴욕에서 사는 딸이 엄마 회갑이라고 미 서부여행 계획을 세우고 연락이 왔었다. 큰딸이 결혼하고 2년 되었을 때다. 딸 부부와 아빠 엄마 4명이 15일 일정으로 뉴욕 라과디아 공항에서 라스베이거스 공항으로 갔다, 공항에서 자동차를 렌트해서 먼저 그랜드캐니언으로 출발했다. 한참 가다 보니 후버댐이 나왔다. 잠시 차를 세우고 호숫가로 갔다. 에메랄드빛이 너무 아름다워 내 마음을 사로잡았던 기억이 많은 세월이 흘렀는데도 뇌리에 생생하다. 크기도 하고 아름다운 호수였다.

사막을 달리다 보면 서부영화에서 나오는 바위산이 군데군데 보인다. 영화 속에서 주인공이 말을 타고 나타날 것 같은 사막을 우린 끝없이 달렸다. 마음이 진정되지 않아 들떠

서 그이와 수다를 떨었던 기억이 난다. 서부영화를 좋아하는 그이와 나는 황무지의 땅이 낯설지만은 않았다. 그랜드캐니언에 도착했다.

먼저 경비행기를 타러 갔다. 우리 넷이 하늘에서 내려다보니 자연의 현상으로 빚어진 예술 작품이 눈에 펼쳐진다. 광활하고 아름다운 대자연의 웅장함에 압도되어 연신 감탄사가 나왔다. 하늘에서 보이는 콜로라도 물줄기가 날카롭게 뚫고 지나가는 것처럼 정교하고 오밀조밀하다. 아래로 더 내려가겠다고 하는 걸 사양했다. 일주일 전 헬리콥터가 추락을 해서 사고가 났기 때문이다. 그래서 조심스러웠다. 다음 날 버스 투어 하는데 군데군데 전망대가 있다. 전망대 따라 비치는 컬러가 천차만별이다. 정상까지 다녀오는데 날씨가 좋아 기쁨도 배가 되었다.

3박 4일 동안 감동을 가슴에 안고 라스베이거스 베니션 호텔에서 짐을 풀었다. 호텔 입구에서 자동차에 위험한 물건이 있나 조사를 한다. 로비 입구부터 웅장하고 아름다워 입을 다물지 못했다. 거실로 들어갔다. 방은 말할 것도 없고 화장실이 어찌나 크고 좋은지 놀라는 나를 보고 호텔비가 싸니 놀라지 말라고 하는 사위와 딸. 투자금융에 근무하는 사위가 가끔 라스베이거스에 출장 와서 일을 볼 때였다. 짐을 풀고 타워로 먼저 갔다. 타워 맨 위에는 놀이시설이 되어 있고 바로 아래 전망대로 가서 시내를 내려다보았다. 평야를 이룬 마을은 끝이 보이지 않았고 화려하고 아름다운 도시였다. 나라마다 특색 있게 호텔로 되어 있고 쇼핑몰도 잘 되어 있어서 세계를 여행하는 기분이었다. 또 전시해 놓은 물건을 싸게 구입할 수 있었다. 온도가 40도 이상인데도 습도가 낮아 땀이 별로 나지 않았다. 쇼핑할 때는 트램이 지하로 건물마다 연결되어 있어서 편리했다.

분수 쇼를 본 다음 건물 안에서 O쇼를 관람하는데 스토리가 있고 스릴이 있어 감동과 즐거움을 준다. 규모가 어마어마한 쇼였다. 미국을 상징하는 건물 안에는 건장한 남자가 온몸에 페인트를 칠하고 부동자세로 서 있다. 여자도 똑같이 하고서 바구니를 팔목에 끼고 인형처럼 서 있다. 돈을 바구니에 넣어주면 눈동자를 굴리며 몸을 움직여준다. 사진을 찍자고 하면 좋아하는 모습을 보면서 참 돈을 버는 방법도 다양해 보였다.

호텔 안에서 배를 타면 사공이 산타루치아 노래를 들려준다. 베네치아에 여행가는 기분이었다. 강산이 2번 바뀌었으니 지금은 더 잘되어 있지 않을까? 5박 6일 동안 머물렀는데 미련이 남아 지금도 다시 가 보고 싶은 도시 라스베이거스다.

로스앤젤레스로 갔다. 먼저 할리우드에 화려한 오스카상 시상식을 하는 극장으로 갔다. TV에서 보았을 때는 아름답게 보였던 건물이 직접 가서 보니 오래된 건물이어서인지 생각보다 작고 초라해 보였다. 극장 주변에서 만화나 영화에 나오는 복장을 하고 거리를 다니면서 사진을 찍자고 하는 그네들은 그게 직업이라니!

극장 앞 광장 바닥에 유명한 배우들의 손, 발 모양이 찍혀 있다. 참 신기해하며 내가 좋아하는 배우도 있나 찾아보고 웃었던 기억, 다운타운에서 1박하고 샌프란시스코로 향했다.

미국 내에서도 아름다운 해안도로로 꼽히는 1번 도로를 이용하면 낭만적이고 볼거리가 많다는 코스로 갔다. 가다 보면 유명한 골프장도 있다. 우리가 들렀을 때는 결혼식이 있어서 들어가지 못했다. 돌아오면서 사위가 골프 하러 오자고 했는데 바빠서 같이 한 번도 못 갔다. 스페인 분위기가 풍기는 집들이 발걸음을 사로잡았다. 아름다운 풍경을 보고 지나칠 수 없었다. 잠깐 머물고서 미국계 덴마크인들이 살고 있는 곳으로 갔다. 민속품이나 기념품 가게를 둘러보고 아름다운 해안가로 갔다. 가볍게 쇼핑을 하고 해안 절벽을 따라 이어진 드라이브 코스는 세상 끝에 다다른 것만 같은 스릴마저 주었다.

그곳에서 하룻밤을 보내고 다음 날 몇 군데를 들러서 즐기고 저녁 9시경에 샌프란시스코에 도착했다. 8월 초에 머물면 더울 줄 알았는데 서늘했다. 여행 계획 세우면서 음식점도 같이 예약을 해놓았다. 조식하러 금문교를 지나 안개가 자욱한 해안가 식당으로 갔다. 야외식당은 우산으로 되어있는 난로가 군데군데 있다. 의자에 앉아 있는데 여자배우가 밍크코트를 입고 우리 옆 식탁 의자에 앉는다. 보고 있는 나는 좀 쑥스러워 했던 기억이 난다, 샌프란시스코 시내는 굽이굽이 언덕이 많아 보였다. 그 언덕을 누비기 위해 전차 트램을 탔다. 영화에서 문에 매달리는 장면이 멋있어 보였는지 딸이 타 보고 싶어 했다. 언덕을 지날 때마다 스릴도 있고 재미있었다. 바닷가 종점에서 내렸다. 그리고 연방 교도소로 사용된 섬을 좀 더 가까이서 볼 수 있었다. 오래전에 보았던 영화(빠삐용)에 나오는 무서운 교도소라 한다. 바다 가운데에 세워져 있고 벽이 아주 높았다. 저 높은 데서 어떻게 바다로 뛰어내렸을까? 참 끔찍해 보이는데 살아 나왔으니 대단했던 주인공의 삶이 뇌리에 스친다.

　와인 농장을 견학하고 충분한 휴식을 취한 다음 자동차는 반환하고 딸 내외는 뉴욕으로, 우리는 한국으로 돌아왔다. 딸 부부와 처음 여행이라 오랜 세월이 지났는데도 지금도 생생하다. 가끔 해외여행은 큰딸과 막내아들하고 같이 다닌다. 국내에서는 둘째 딸이 챙겨준다. 그이 없는 옆자리를 매번 챙겨주니 고마운 마음이다. 삼 남매 가정에 건강한 삶과 행복이 깃들기를….

2024. 3.

삼 남매에게 박수를

아버님이 큰아들에게 지금 살고 있는 집을 네 앞으로 하렴, 하셨다. 그리고 어머니 살아생전에 그 집에서 기거하도록 해라, 하셨다. 그이는 아버님 말씀대로 자기 앞으로 처리해서 동생들한테 나눠 주면 좋겠다고 했다. 며칠 사이 돌아가신 뒤 유언을 남기셨다고 가족분이 테이프를 들려준다. 그 집 한 채를 미국에서 살고 있는 삼 남매와 한국에서 살고 있는 삼 남매 여섯 자녀에게 나누어 주도록 녹음을 했다고 들려준다. 어이없는 일이 벌어졌다. 내막도 모르고 그이 앞으로 추진했다면 어떤 상황이 벌어졌을까? 생각만 해도 끔찍하다. 한 사람 앞으로 해야만 해결하기가 쉬운데 해결하기 어렵겠다고 노발대발이다. 아프신 아버님은 잘 모르시고 돌아가시기 전 옆에서 하자는 대로 하신 것 같다. 아버님 보내드리고 일을 어렵게 만들었다고 따지겠다는 걸 겨우 말렸다.

미국에서는 3남매가 살고 있지만 부모님이 편찮을 때도 오지 않았고 돌아가실 때도 참석하지 못했다. 사정을 알기에 이해했다. 그 후 어머니 살아생전에도 해결 못 하고 돌아가셨다. 미국에서 서류를 보내주어야 하는데 막내 시동생만 서류를 보냈다. 몇 년이 지나도 서울에서 사는 남, 여동생도 서류를 주지 않는다. 우리를 믿지 않으니, 우리가 포기하자고 몇 번을 말했지만, 아버지 의도는 그게 아니라고 고집을 부린다. 지방에서는 시아버님이 알려진 분이라 체면이 있으니, 재산세는 내라고 한다. 시아버님 가신 뒤 재산세를 20여 년 동안 냈다. 큰아들이기에 기제사도 40년을 지냈다. 그런데 어이없는 일이 생긴다. 살고 있는 집 한 채인데 모 대통령 때 1년 사이 대치동 집값이 폭등하더니 보유세를 부과한다. 20년을 살고 있는데 처음에는 잘 모르고 냈다. 다음 해에 알아보니 시아버님 재산세를 계속 냈더니 보유세에 합해서 나왔다. 시아버님 집은 그이 앞으로 안 되어있는데 낼 수 없다고 세무서, 구청, 지방시청, 다니면서 말해보았지만, 재산세를 냈으니 어쩔 수 없다고 한다. 지난 일이지만 그때 참 억울했다.

해결하지 못하고 그이 보낸 1년 후 시아버님 집을 포기하기로 했다. 그이나 내 노력이 아닌데 불로소득은 미련이 없다. 그래도 내 자녀 3남매한테 물어봐야 했다. 물어보니 관심 없어요, 하면서 "엄마 마음 편한 대로 하세요." 한다. 욕심 내지 않고 편하게 말해주는 삼 남매에게 고마웠다.

공증 사무실을 찾았다. 애들 이름과 내 이름을 쓰고 포기 각서를 쓴 다음 3통을 받아 한 통은 내가 보유하고 한 통은 시동생 주고 한 통은 지방시청에 냈다. 유일하게 그이한테 잘한 육촌 시동생이 있다. 그분과 시청에도 같이 가서 일을 보니 참 든든했다. 그리고 담당 직원한테 시동생이 마다하면 내 앞으로 해서 기증하겠노라 하고 연락을 부탁했다. 그리고 시청을 뒤로하고 나오는데 어찌나 속이 후련한지!

며칠 후 연락이 왔다. 시동생이 하기로 했다고….

그 여직원한테 보유세 때문에 전화로 큰소리쳤다고 미안하다고 했더니 당연하다고 신경 쓰지 말라고 한다. 고마웠다.

보수적이며 돈하고 거리가 먼 그이다. 애들 어렸을 때 휴가철이 되어도 놀러 가 본 적이 없다. 그런데도 애들이 가자고 조르지도 않는다. 방학이 되면 먼 데를 가 보지 못하고 가까운 어린이 공원이며 서울 시내를 내가 데리고 다녔던 기억이 난다. 더구나 신경성으로 휴일이면 아파서 고생했던 어미를 이해하고 있었는지 놀러 가자고 조르지도 않았다. 그때 참 고맙고 미안했다.

그이는 공부가 두 번째다. 먼저 조상을 알아야 한다고 초등 고학년부터 남쪽에 계신 친조부모님, 외조부모님 산소에 아들을 앞세우고 다녀온다. 보수적인 아빠였다. 아빠는 운전면허증이 없다. 둘째 딸 고등학교 때 나도 아빠가 데리러 왔으면 좋겠다는 말에 면허증을 소지하게 되었다. 그이는 오토바이를 사려다 주위에서 반대해서 사지 못했다. 그러다 큰딸이 S대학을 합격한 뒤 티코를 사주겠다고 한다. 나는 이왕이면 아반떼 사주세요, 했는데 티코 차 아니면 없던 걸로 하자고 하는 아빠. 딸은 티코 차를 선물로 받고 아주 좋아했다. 새벽부터 학교에 주차하고 수업이 끝나면 아르바이트하러 운전해서 다녔다. 아빠는 그 모습을 보고 만족스러워한다. 그 티코를 작은딸도 대학 다닐 때 잘 타고 다녔다. 티코라고 싫어할 줄 알았는데 두 딸이 잘 타고 다니는 모습을 보고 만족스러워한다. 방학 때 외국에서 집에 오면 돌아갈 때 비행기 안에서 무슨 책을 봐야 지루하지 않을까? 서점에서 2, 3주 다니며 선택해서 사서 준다. 그러니 그이를 싫어할 수 없다. 삼 남매는 돈과 거리가 먼 자상한 아빠에게 잘해주어서 참 고마웠다.

두 딸이 악기를 배우다 보니 본인이 원해서 전공을 하게 되었다. 조금 커서 휴일이면 레슨 다니느라 바빴다. 그러다 보니 막내인 아들에게 소홀히 해서 어미로서 마음이 아팠다. 한 번도 짜증을 내지 않았던 아들, 성실한데 성적이 오르지 않아 이상하게 생각했다. 아들이 고등학교 졸업하고 유학을 보낸 뒤 방을 정리하다 보니 만들기 장난감이 많이 나왔다. 정리하면서 참 다행이라 생각하며 웃음이 나왔다. 컴퓨터공학, 프로그램을 전공해서 좋은 성적으로 졸업한 뒤 토론토에서 생활을 잘하고 있다.

 큰딸은 큰딸대로 큰 몫을 하고 남매는 남매대로 엄마를 잘 챙긴다. 열심히 각자 자기 역할을 잘하고 있어서 얼마나 고마운지! 가끔 나에게 "엄마는 너무 걱정이 많아요." 말하는 애들, 헛욕심 부리지 않고 열심히 살고 있는 삼 남매에게 응원의 박수를 보내고 싶다. 더구나 집안이 시끄러울 뻔했는데 양보하자는 어미 의견에 따라준 아이들 마음이 고맙고 예쁘다.

2024. 2.

푼타카나

맑고 아름다운 카리브 해변이 시간이 흘러도 잊히지 않는다. 2018년 1월 토론토 공항에 도착했다. 아들이 성큼 다가와 안아준다. 긴장된 마음이 스르르 녹아 내린다. 손녀는 나를 보고 웃으며 인사를 한다. 일 년 전 함께 보냈던 시간이 헛되지 않았음에 감사한 마음으로 미소 지으며 다가오는 손녀를 안아 주었다.

여행 출발 전날 싸라기눈이 오더니 30일 아침 눈이 쌓여 갈 수 있을까 싶었다. 토론토 공항에 도착했다. 춥고 눈이 오는데도 아랑곳하지 않고 공항 안에 많은 사람들은 가벼운 옷차림으로 마냥 즐겁게 이야기하며 웃고 있다. 겨우 한돌 된 손자 때문에 걱정스러운 마음으로 비행기에 탑승했다. 탑승객 중에 더 어린 갓난아이를 보며 괜한 걱정을 했구나 싶었다.

큰 비행기는 만석이고 학생들 소리와 아기 울음소리가 종종 들린다. 이륙하고 4시간 20분쯤 되었을 때 안내 방송을 한다. 목적지에 다 왔다는 방송을 듣고 앉아 있는 사람들은 창문 밖을 보며 환호성이다. 에메랄드빛 넓은 바다, 열대어 나무들이 어울려 펼쳐지는 자연을 보고 입을 다물지 못했다.

기장의 말소리가 또 들려왔다 "무사히 도착했습니다. 즐거운 여행되세요."라고 방송이 끝나자 약속이나 한 듯 모든 사람들이 수고하셨습니다, 박수 소리에 새로운 정서를 느끼며 공항 안으로 들어갔다. 아들이 번역을 해서 말을 해준다.

도미니카공화국 공항 건물은 단층이고 사람들이 너무 많아 북적거리는 것에 비해 건물 안은 비좁고 시설이 낙후되어 보였다.

남미에 있는 파라다이스 푼타카나 리조트는 6일간 묵고 갈 곳이다. 입구에 들어서니 규모가 크고 아주 넓은 리조트, 가꾸어진 열대나무들, 조그마한 호수들이 있다. 여기저기 흐르는 물 위에 열대어 붕어, 홍학 새는 특히 긴 목과 긴 다리로 엉금엉금 다니며 아이들이 다가가도 달아나지 않는다. 먹이를 찾는 모습을 보고 신기한 듯 손뼉 치며 소리 내어 웃고 있는 손녀, 손자 얼굴이 아련히 떠오른다.

리조트 차를 타고 구불구불 가는 길옆에 유난히 눈에 들어오는 꽃이 있다. 속이 텅 빈 고목나무 가지에 예쁜 빨강 꽃이 아름답게 피어 있었다. 고목에 핀 꽃이 너무 예쁘고 신기해서 가까이 가서 보고 싶은 마음이었지만 차를 타고 이동 중이라 그 마음을 뒤로 하고 숙소에 도착했다.

우리가 묵은 숙소에서 손녀, 손자가 걸어서 가기에도 해변, 수영장, 식당들이 가깝고 위험하지 않아 쉽게 다닐 수 있어서 좋았다.

여행 첫날 새벽 손녀, 손자가 잠을 깰까 봐 조심스럽게 일어나 밖으로 나왔다. 맑은 하늘과 잘 가꾸어진 열대나무를 보면서 맑은 공기를 마시며 걸었다. 하얀 파도가 밀려와 내 다리를 덮치며 파도는 다시 제자리로 돌아간다. 모래밭에 발을 디뎌도 발자국만 남는다. 모래 위에서 달리기를 하고, 각자 자기만의 운동을 하는 사람이 많다. 모두 하나같이 떠오르는 일출을 보며 큰소리로 아름답다고 외치며 사진을 찍고 있다. 그 일출을 어찌 보고만 있겠는가? 벅찬 가슴으로 사진을 찍어 한국에 있는 지인들에게 보냈다.

카리브 해변에 서서 아름다움을 누릴 수 있어서 행복했다. 그리고 지그시 눈을 감고 나만의 세계를 느끼며 서있는 나에게 시간이 얼마나 지났는지 아들이 아침 식사하자고 찾아왔다. 아쉬워하는 나에게 "며칠 더 보실 수 있으니 계신 동안 누리세요."라고 하는 아들과 식당으로 갔다. 식당은 뷔페로 되어 있고 음식이 깔끔했다. 혹시나 싶어 집에서 음식을 준비했는데 짐이 되게 괜히 가져왔구나 싶었다.

"여기 머물 동안 모든 일정은 패키지로 지불했으니 음식과 음료수 필요한 것은 마음껏 드시고 즐기세요."라며 그래서 휴양지라고 한다.

이런 패키지는 처음이라 생소했다. 여러 종류의 식당들이 많았고 예약을 해야 들어갈 수 있는 식당은 저녁식사 할 때 옷을 갖추어 입고 들어가도록 되어 있다. 그 외는 자유롭고 수영장에서도 먹고 마음대로 즐길 수 있었다.

바다에서는 파도가 세기 때문에 수영을 못하고 파도타기(서핑)를 한다. 그리고 수영장에서 안내문에 오늘 행사 일정이 적혀있다.

여행 첫날 수영장에서는 신나는 음악을 틀고 거품기로 거품을 품어낸다. 크고 하얀 거품들이 넓은 수영장을 뒤덮어 하늘에서 내려온 하얀 구름처럼 거대하다. 수영장 안에 섬처럼 만든 동산 나뭇가지 위에도 거품이 바람에 움직이며 하얀 구름처럼 내 몸도 구름 위에 있는 듯하다.

풀장 안에 있는 사람 또 밖에 있는 사람 모두 구름 위에 서있는 것처럼 음악에 맞추어 춤을 춘다. 마치 영화에 나오는 한 장면처럼 나도 모르게 내 마음과 상관없이 자연스럽게 몸을 움직이면서 춤을 추고 있다.

한참 춤을 추다 정신을 차리고 보니 리조트에 머물고 있는 그 많은 사람들 중에 동양인은 우리만 있었다.

해외에서 우리만 동양 사람이다 보니 좀 긴장이 되어 나도 모르게 표정이 굳어졌다. 아들이 이런 내 모습을 보더니

"외국 사람들도 쉬고 즐기러 온 사람들이니 걱정 마시고 여기 계신 동안 마음 편하게 시간을 보내세요." 한다.

휠체어 타고 다니는 사람, 지팡이 짚고 다니는 사람, 책을 보는 사람, 나이 든 분들도 많아 보인다. 그분들 중 어느 누구도 주위에 신경 쓰지 않고 각자 시간을 보내는 모습이 새롭게 보이며 많은 생각이 들었다.

리조트 안에는 '키즈 카페' 프로그램이 있다, 부모와 떨어지기 싫어서 큰소리치며 우는 어린아이를 매정하게 떼어놓고 사라지는 부모를 보고 놀라서 멍하니 쳐다보는 나에게 맡겨진 어린아이들이 처음에만 울 뿐 프로그램이 잘 되어 있어서 지내다가 저녁 시간이 되면 부모가 데리고 간다고 한다.

"부모도 쉬면서 마음껏 즐겨야지요. 저희들도 쉬러 왔지만 아내가 원하지 않아서 그렇게 안 하는 거예요."라고 아들이 덧붙였다. 아마도 여기서 아이들과 같이 시간을 많이 보내려는 며느리 때문에 그러는 것 같았다. 첫날 하루를 즐기고 지는 해를 보며 내일 펼쳐질 새로운 경험을 기대해 본다.

2021. 10.

차와 함께 하는 날

얼마 전, 해 질 무렵 운전대를 잡았다. 우회전하려는데 신호등이 빨간색이다. 1, 2차선에 자동차가 멈추고 있다. 3차선에서 우회전할 수 있을 것 같아 진입했다. 우회전하려고 잠시 멈추고 있는데 신호가 바뀌더니 차 두 대가 직진하고 세 번째 택시가 지나가며 내 백미러를 푹 치고 쏜살같이 지나간다. 우회전하려다 잠시 멈추고 이게 무슨 소리야 하며 창문을 열고 살피고 있는데 치고 간 택시도 큰 사거리를 직진하더니 깜빡이등을 켜고 서 있다. 나에게 오려나 싶어 기다리고 있는데 바뀐 신호를 보더니 택시는 가 버렸다. 다행히 백미러에는 아무 이상이 없었다. 딸한테 사고 난 상황을 이야기했더니 "기사한테 확인시키고 와야지 그냥 왔어요. 못된 기사는 자기 잘못을 봐준 사람한테 오히려 뺑소니로 신고할 수 있어요." 한다. 마음을 졸이고 있는데 30일이 지났

다. 아무런 연락이 없다. 설마 무슨 일 없겠지! 내 잘못 없이 걱정하고 있는 내가 한심하다.

1986년 운전면허증을 받았다. 불편해서 차를 구입한 것이 일을 그만둘 때까지는 차 없는 생활은 생각할 수 없었다. 그만큼 차는 나에게 소중한 존재였다. 학원 운영 할 때 유치부를 남한테 부탁하지 않고 직접 운전해서 어린이를 데려올 수 있어서 좋았다. 또 두 딸이 악기를 배우려니 시간 절약할 수 있어서 편리했다.

차가 있어서 좋은 일만 있지는 않았다. 운전하다 보면 잘못하지 않아도 사고를 당할 때가 몇 번이나 있었다. 어린이를 바래다주고 잠깐 멈추고 있는데 가구를 배달해주고 돌아가던 차가 학교 옆길에서 장난치고 가는 학생을 피하려다 내 차를 받았다. 놀라서 정신 차리고 보니 다행히 자동차 앞문만 망가졌다. 그 기사 아저씨는 얼굴이 하얗게 질려있었다. 언뜻 생각에 배달비가 그리 많지 않을 텐데 안 되어 보였다. 양쪽 차를 수리하려면 꽤 돈이 들겠다는 생각이 들어 옆 상가 단골 정비소에 부탁하고 수리해서 보냈다. 고맙다고 몇 번을 고개를 숙인다. 지금 그 아저씨는 어떻게 되었을까? 궁금하다.

자동차를 아파트 주차장에 세워도 트렁크를 받지 않나, 골목길에서 뒤를 받지 않나 자그마한 사고가 끊이지 않았다. 다행히 나는 골목 주행 교육을 많이 받아서인지 내가 남의 차를 들이받은 일은 없어 그나마 다행이었다. 학원 앞에서 택시 기사는 내 차를 받았다. 그래 놓고도 큰소리치니 싸울 수 없어서 할 수 없이 단골 정비소로 또 보냈다. 수리해 주는 것도 고마운 일인데 일당까지 달라고 하니 정비소 아저씨가 기사한테 화를 낸다. "아저씨 잘못인데 수리해 주면 고맙다고 해야지 일당이라뇨. 그런 마음이면 어디 가도 좋은 일 못 봐요." 한다. 그 말은 맞는 말이다. 남한테 한 만큼 나에게 돌아온다는 말이 맞는다. 오랜 세월 살아보니 공짜는 없다.

  두 딸이 입시 보는 해인데 왜 이렇게 사고가 나는지 불길한 생각이 들었다. 내가 뭘 잘못하고 있나 고민이 한두 번이 아니었다. 그 무렵 둘째 딸이 일반 중학교에서 S예고 시험을 보고 11월 중순에 발표했는데 합격이다. 언니 입시 때문에 신경을 전혀 쓰지 못했는데 혼자서 해내서 고맙고 기뻤다. 기쁨도 언니 입시 전이라 좋아할 수도 없었다. 큰딸은 겨울 방학 끝나고 1월에 실기 시험이다. 다니던 학교에서 방학 동안 연습하겠다고 한다. 집은 강남 끝 대치동에서 학교는 강북 평창동이다. 새벽에 데려다주고 저녁에 데려오는데 하루는 아침에 바래다주고 남산 순환도로로 오면서 잠깐 딴생각이 머리에 스친다. 순간 가로수를 받고 중앙선으로 갔다가 다시 전신주를 들이받고 멈추었다. 차는 앞이 다 망가졌다. 길 아래로 떨어지지 않아서 천만다행이다. 새파랗게 질려 차에서 내려 길가에 주저앉아 있는데 손님을 태우고 가는 택시 기사는 차를 멈추고 "걱정하지 마세요. 차 놓고 가도 누가 가져가지 않으니 그대로 두고 파출소로 전화하세요." 그리고 나를 태우고 번호를 주면서 한남동 공중전화 박스 앞에 내려준다. 얼마나 고마운지 지금도 그분의 말이 들리는 듯하다.

교통사고가 상대 없이 혼자 재주 부려서 자동차만 망가졌다면서 경찰이 이리저리 보더니 "저 밑으로 떨어졌으면 어떻게 되겠어요. 아줌마 대운이네. 차 걱정 말고 그냥 가세요." 경찰 말을 듣고서 놀란 가슴이 조금은 안정이 되었다. "그냥 가도 되나요?" "보험사에서 전화할 겁니다." 일주일 후 보험으로 처리하고 차는 깨끗하게 잘 나왔다. 운전하고 보니 나쁜 사람보다 좋은 사람이 더 많음을 알게 되었다. 그해 큰딸도 S대에 합격했다. 내 액운인지 1년 동안 정신없이 자동차로 많은 일을 겪었다. 내 잘못보다 상대방이 잘못했는데 큰 소리내기 싫어서 손해를 보았지만 처리하다 보니 좋은 일이 배가 될 때도 있었다. 자동차는 나에게 고마운 존재였다.

뒤돌아보면 젊었을 때 겁 없이 운전했다. 그러다 학원을 그만두고 그이가 떠난 뒤 복잡한 잠실사거리를 지나는데 차가 어찌나 많은지 제자리걸음이다. 젊은 여자가 치고 가면서 나에게 큰 소리를 지른다. 참 어이가 없었다. 나이 들어 보여서 그러나 싶었다. 그러지 않아도 애들이 운전을 그만했으면 한다. 또 고령자들의 운전이 위험하다고 말리는 추세다. 고령은 아니지만 78세에 자동차를 없애고 지하철을 이용하기로 했다. 꼭 필요할 때는 딸 차를 빌려 타는데 갑갑해도 50km를 지키면서 운전한다. 백미러를 치고 간 기사 분을 생각하면 아직도 가슴이 아프다. 한마디만 하고 갔으면 좋았을 걸 그냥 가 버린 아저씨 마음이 편안한지 묻고 싶다.

2023. 10.

동화마을

 몇십 년 세월이 흘렀는데도 잊을 수 없는 새로운 교육에 대한 추억이 있다. 큰언니 집 근처에 언니와 집을 보러 다녔다. 남향에 남문이라 좋은데 나무가 많아 답답하다고 한다. 나는 반대로 대문을 들어가는 순간 마음을 환하게 해준다고 했다. 그 말을 듣더니 큰언니는 벌떡 일어나 "다른 집 보지 말고 계약하러 가자." 그리고 내 집이 되었다. 필요 없는 나무는 뽑아내고 3면에 정원을 만들어 백목련, 개나리, 넝쿨장미를 예쁘게 정리하고 사철나무로 화단을 깔끔하게 마무리했다. 라일락꽃이 필 때 온 집안을 향기로 뒤덮는다. 또 겨울에는 나무 옆에 독을 묻어 겨울 동안 시원한 동치미와 김치도 먹을 수 있다. 마당 가운데는 애들이 뛰어다니다 넘어져도 다치지 않도록 잔디를 심어 놓았다. 참 근사한 정원이 되었다. 마무리하는 날 남편이 퇴근해서 집에 들어오더니

"좋은데 혼자서 수고했네." 하면서 화단 옆에 더덕을 심었으면 좋겠다고 한다. "그건 좋아하는 사람이 심기로 해요." 말을 했지만 결국 내가 심었다. 소나기가 내리는 날은 더덕 향기가 온 집안을 뒤덮어 정신을 맑게 해주니 아주 좋았던 기억이….

마을 입구로 들어오면 동화에 나오는 마을처럼 보인다. 봄을 알리는 백목련은 햇볕을 잘 받아서인지 제일 먼저 피었다. 시골 친정에 자목련 나무는 5월에 피었다. 서울 갈현동 우리 집에서는 제일 먼저 피었다. 그리고 개나리꽃이 활짝 피어 희망을 안겨주는가 하면 울타리 따라 곱게 내려온 붉은 넝쿨장미꽃이 5월에는 집마다 피어있다. 담 밖으로 늘어져 빨간 장미를 보면 가던 길을 멈추게 한다. 두 돌이 된 큰딸이 부쩍 주위에 있는 사물에 관심이 많아 잠시도 쉬지 않고 물어본다.

한 집 건넛집에서 바이올린 소리가 들린다. "엄마 저건 무슨 소리예요?" "응 바이올린 소리." "보고 싶어요." "그래 물어보자." 소리 나는 집 대문을 두드렸다. 젊은 엄마가 나온다. "어린아이가 하는 소리 같은데 몇 살이죠?" "5살인데요." 우리 애를 힐끗 보더니 "3살부터 배울 수 있어요." 말을 듣고 돌아서 오는데 딸이 옆에서 "나도 배우고 싶어요." 한다. 아직은 너무 어리니까 한 살 더 지나서 배우자 약속하고 집으로 왔다.

그다음 해 4월 30일 세 번째 생일이 지나고 재능 교실을 방문했다. 설명을 듣고서 등록했다. 본부는 청주에 있다. 이비인후과 박사님이 일본에 갔다가 우연히 재능교육을 보고 마음에 들어 청주에서 먼저 시작했다. 서울에서는 갈현동에서 시작을 했다.

A, B, C, D 중 우리는 D반이었다. 교육을 시작한 지 1년 정도 되었다는데 어떻게 알고들 왔는지 서울 전 지역에서 갈현동으로 교육 받으러 왔다. 그때도 교육에 관심이 대단했다. 시작할 때는 한 반에 40명이 수업을 했다. 1년 2년 지나면서 학생 수가 반도 남지 않았다. 엄마와 같이하는 교육이기 때문에 힘에 겨운 교육이다. 하지만 작은 교육비로 새로운 교육을 접할 수 있었으니 참 행운이었다. 집 근처에서 할 수 있어서 좋았고 세 살인 큰딸이 싫어하지 않고 잘 따라주어서 끝까지 할 수 있었다.

그런데 부모가 기초를 배워서 가르쳐야 한다니 부담도 되었다. 좋은 기회라고 생각하고 열심히 배웠다. 1권부터 곡을 달달 외우도록 하고, 하루에 오전 오후 1시간씩 매일 시켰더니 4학년 여름방학 때 큰딸은 스즈키 바이올린 10권을 끝냈다. 재능교육이 바이올린 교육만 있는 게 아니고 지능에 도움 되는 교육이 또 있다. 그 교육도 좋았다. 열심히 가르쳤고 가슴에 담고 있었다.

그러다 1989년 7월에 재능교육을 마쓰모토시에서 세계대회를 개최했다. 딸을 가르치고 보니 교육이 더 궁금해졌다. 주최 측에서 주는 지도자 자격증을 가지고 있어서 망설이지 않고 세계대회에 참석했다. 한국 주최 측에서 학생 70여 명 학부모 몇 명과 인솔하는 선생님과 합해서 한 100여 명이 참석했다.

하루 두 번 관광버스를 타고 열흘 동안 이동하는데 자동차 길이 시골길인데 외길이다. 넓이가 관광버스 한 대 갈 정도였다. 좌회전이 없다. 돌고 돌아서 목적지에 도착하게 해 놓았다. 땅을 아끼고 있다는 것을 바로 느꼈다. 마쓰모토시는 작은 도시는 아니었다. 우리에게 많은 걸 느끼게 했던 곳이기에 지금도 뇌리에 선명하다.

세계 어린이들을 보면서 유난히 눈에 뜨이는 학생은 우리나라 학생이었다. 다른 나라 학생보다. 똑똑하고 건강해 보여서 좋았다. 그런데 아쉬운 점은 극성스럽고 말을 잘 듣지 않고 새로운 것에 손을 댄다는 것! 특히 교육받고 난 다음 연주를 한다. 자기 연주가 끝나고 남들이 하는 연주도 같이 참여해야 하는데 밖에서 학생 소리가 나서 나가 보니 우리나라 학생만 놀고 있다. 그때는 얼마나 민망했던지!

그 교육을 가슴에 새기며 27년간 학생이나 내 자녀한테 가르치는 것처럼 지도했다. 결과는 좋았다.

학생을 지도할 때 힘들 때도 있지만 기쁠 때도 많았다. 새로운 교육을 배울 수 있었던 곳, 저렴한 교육비로 전공을 생각할 수 있게 도움이 되어주었던 곳, 집마다 예쁜 꽃과 나무가 미소 지으며 인사하는 듯 조용하고 아름다웠던 동화에 나오는 마을로 기억하고 있다.

*스즈키 바이올린은 스즈키 책 저자 이름으로 세계 어디서나 사용하는 교재다.

2023. 5.

여정

　2018년 가을 경부고속도로를 달리다 망향휴게소로 들어갔다. 커피를 들고 하늘을 바라보니 파란 하늘에 몽실몽실 떠다니는 새하얀 구름, 구름 사이로 쏟아지는 햇살이 눈이 부셨던 그때가 잊히지 않는다. 여유로운 시간과 설렘을 안고 즐길 수 있어서 좋았다. 창밖 들녘에 노란 벼들이 황금색으로 펼쳐져 아름다워 보였다. 태풍 없이 그대로 가을맞이 한다면 농민들은 더없이 행복할 텐데!

　수확의 계절 농민들의 표정을 생각하며 풍요로움을 가슴에 담고 전주 민속 마을에 도착했다. 숙소에 입주하기에는 너무 빠른 시간이다.

　휴일이 아닌 데도 많은 사람이 북적거린다. 골목마다 조그마한 상가들이 길 양쪽에 다닥다닥 붙어있다. 신기한 물건이 많아 호기심에 가게 앞으로 다가갔다. 옛날에 보았던 물건이 진열되어 신기했다. 여러 가지 물건을 보는 할머니인 나는 저절로 웃음이 나왔다. 골목을 구경을 하면서 가다 보니 한옥으로 된 고궁수라간이 보인다. 안으로 들어갔다. 밖에서 보이는 것과는 좀 달라서 실망하고 나오는데 사주 방이 눈에 들어와 재미로 볼까 하다 딸의 말을 듣고 돌아섰다.

한복 가게 앞에는 단체로 중국에서 왔는지 나이가 들어 보였다. 화려한 궁중 옷으로 갈아입고 서로 보면서 큰 소리로 떠들며 사진을 찍고 있는 모습이 즐거워 보였다. 또 서양 외국인도 젊은 연인이나 여자들이 한복을 입고 다니는 모습이 키가 커서인지 참 예뻐 보였다.

전주 한옥마을은 9만여 평 구역 안에 700여 채 기와집이 모여 있는 국내 최대 규모의 집단 한옥마을이었다. 좁은 골목도 많았다. 먼저 언덕 위에 오목대(이성계가 승전을 자축하는 연회를 열었던 곳)로 올라가 전망대에서 숨을 고른 다음 전주 향교로 갔다. 향교는 고즈넉한 분위기에 아름다웠다. 그래서인지 연모, 붉은 옷소매 등 사극 드라마 촬영을 많이 하는 곳이라니!

한옥마을 근처 경기전 안에 어진 박물관은 조선 태조 어진과 어진 봉안 관련 유물을 영구 보존하기 위해 건립된 국내 유일의 어진(왕의 초상) 전문 박물관이 있다. 관람하고 나오는데 어린 학생도 보고 기억할 수 있게(태정태세문단세) 조선시대 왕 순서와 설명을 깔끔하게 알기 쉽게 적어놓아 인상

적이었다.

경기전 맞은편은 한국 최초의 천주교 순교 터이고, 호남의 모태 본당이 된 발상지라고 한다. 아직도 웅장함과 아름다운 자태를 그대로 보여주고 있다. 한옥마을 안에 경기전, 전동성당 등 한곳에 모여 있어서 관광하는데 피곤하지 않고 시간을 절약할 수 있어서 좋았다.

숙박하는 한옥집 정원에 여러 종류의 꽃이 예쁘게 피고, 작은 물레방앗간도 꾸며 놓았다. 그 정원에서 차를 마시고 한숨을 돌리고 다음 날 순천으로 출발했다. 지방도로 진입하여 산길로 접어들어 굽이굽이 산세는 물감으로 물들여놓은 듯 아름다웠다. 낙안읍성 한옥마을이 눈으로 들어온다. 순천시로 승격되지 않았을 때는 자그마한 민속 마을이었다. 시로 승격된 후 어린이 체험관과 가족이 즐길 수 있게 되어있어서 좋아 보였다. 이번에는 선암사와 보성여관, 갈대숲, 국가공원을 보기로 했다.

유네스코에 등재된 선암사 입구에서 걸어가면 조용한 산새와 계곡에서 맑은 물소리에 마음이 승화되는 기분이었다. 우리나라에서 가장 아름답다는 무지개 모양의 다리 승선교 위에 서서 잠시 머물고 팔을 벌려 한껏 숨을 들이쉬었다. 다 잊은 채, 아~ 정말 좋다는 소리가 저절로 나왔다. 천년 고찰답게 울창한 숲으로 이룬 길, 맑은 시냇물에 비친 돌멩이마저도 다르게 보이는 듯했다. 선암사는 규모가 작고 아담하다.

McGEE HILL BRIDGE, CA. 1900
FARMINGTON, MICH.

뛰어난 산세, 가을 단풍이 더욱 곱게 물들어 아름다웠다. 더 머물고 싶었지만 못내 아쉬워하면서 보성여관으로 갔다. 보성여관을 관람하고 태백산 대하소설 쉼터에서 차를 마시며 담소를 나누고 갈대숲으로 향했다. 가장 넓은 군락지 갈대밭을 물들이는 아름다운 낙조를 감상하기 위해 기다렸다. 그동안 순천만을 왕복하는 남사신을 타면 발길이 닿지 않은 지역까지 볼 수 있어서 좋았다. 기다렸던 낙조는 구름이 가려 보지 못해서 아쉬웠다. 다음 날 국가공원으로 갔다. 호수와 각 나라 공원이 특색 있게 만들어져 있었다. 평일인데도 가족 나들이 오는 사람도 많았고, 풍차가 있어 어린이들이 좋아하는 모습이 보였다.

　여수에 도착해서 먼저 좋다는 해상 케이블을 타는데 무서웠지만 스릴이 있어 좋았다. 또 오동도 갈 때는 레일을 타고 갔다. 오동도에 시설이 많이 들어서서 좀 답답했다. 돌아올 때 양옆으로 출렁이는 푸른 바다를 보고 걸어오면서 예전에 섬 풍경이 좋았는데 좀 아쉬웠다. 밤이 되어 엑스포 열렸던 주변 조형물, 호텔이나 건물, 오동도 다리 빛과 어울려 조용하고 아름다워서 기억에 남는다. 여수 밤바다 노래를 기억하면서 기대했던 밤바다를 보기 위해 바닷가로 갔다. 밤바다는 불빛과 바닷소리에 어울려 운치 있고 좋아 보였으나 식당이 많아 아쉬운 밤바다였다. 마지막 날 이순신 광장으로 갔다. 엑스포가 끝난 후 시간이 흘러서인지 전망이 좋다는 거북선이 수리 중이다. 안에는 보지 못하고 광장에서 서성거리다 유명하다는 아이스크림과 추기경 빵을 사 가지고 차에 올랐다.

　딸과 3박 4일 여정이 꿈같이 지나갔다. 여행은 언제나 마음을 부풀게 한다.

2019. 6.

둘만의 시간

뉴욕에 사는 큰딸 연주회에 초대받았다.

도심공항터미널이 있어서 참 편리했는데 코로나로 철수하고 입주하지 않아 이른 새벽 공항으로 갔다. 있을 때는 잘 모르다가 막상 터미널이 없어지니 아주 불편하다. 출발하기 전 3회 접종과 검사서류를 보여주고 탑승하는데 불편했다. 그래도 비행기는 만석이었다. 존 F 케네디 공항에 한국 비행기 2대가 거의 같은 시간에 도착했다. 창구 앞에서 준비한 서류를 보여주니 통과되어 짐을 찾으러 갔다. 짐을 찾아 나가는데도 조사받지 않고 바로 나왔다. 붐비는 예진 모습은 찾아볼 수 없고 직원들이 드문드문 서 있다. 미국 정부가 여유 있게 준 코로나19 보상금 때문에 일을 하지 않으려고 해서 사람을 구하기 힘들다는 것을 나중에야 알았다. 정부가 코로나로 개인에게도 여유 있게 돈을 주었다니!

시내 가게도 문 닫는 곳이 많았다. 더구나 내가 뉴욕에 갈 때마다 즐겨 찾던 쇼핑몰이 굳게 닫혀있다. 관광객이 많이 찾는 곳인데 안내 문자도 없다. 문을 바라보며 돌아서 오려니 아쉬웠다.

다운타운에서 남쪽 끝 강가에 위치한 배터리파크시티 공원은 관광객이 미국 전 지역에서도 많이 찾은 곳이라고 한다. 신도시로 형성될 때 스타이브센트 특수 고등학교가 강변에 자리를 잡았다고 한다. 중앙으로 10층 건물이 있고 4동이 우뚝 세워져 아주 큰 학교다. 학교 정면에는 건물 없이 공원으로 되어 있고 뒤에는 강이다. 학교 정면 양쪽에 아파트가 있고 주변에 슈퍼가 몇 군데 있을 뿐 조용하고 규모가 큰 학교다.

딸이 학교 다닐 때 9.11 테러가 났는데 그 후 배터리파크 근처에서 살다 결혼하여 해외로 이주했다가 뉴욕으로 돌아오면서 다시 배터리파크 근처로 왔다. 지금은 바로 옆 배터리파크시티에서 살고 있다. 이곳에서는 강 건너 섬에 있는 자유의 여신상을 산책하며 볼 수 있다. 오래전에 남편과 자유의 여신상을 보고 왔는데 형체만 기억에 남아서 이번에는 둘째 딸 내외와 섬에 가서 자유의 여신상을 바로 앞까지 가서 보고 왔다.

강 건너 서쪽을 바라보면 뉴저지다. 해질 무렵 강에 비치는 모습은 장관이다. 또 빌딩들의 야경이 너무 아름답다. 남

쪽에서 북쪽으로 강을 따라 운동시설과 어린이 놀이터, 미니 골프장, 공원이 만들어져 있다. 강가에서 다운타운 밤 야경을 보면 고층 건물 불빛이 겹겹이 보여 마치 큰 성처럼 아름답게 보인다.

    9.11테러를 당한 쌍둥이 빌딩 자리에 만들어진 메모리얼 풀 2곳에는 '하염없이 흐르는 눈물폭포처럼' 위에서 밑으로 계속 흐르고 있다. 폐허가 추모공원인 메모리얼 파크로 태어나 세월이 흘렀는데도 많은 관광객이 찾아와 추모하는 모습을 볼 수 있다. 또 윈터가든과 지하로 연결된, 내부가 웅장하고 쇼핑몰도 있다. 그 당시 상황을 자세히 볼 수 있도록 꾸며놓은 9.11 메모리얼 박물관을 보고서 월가로 갔다. 근처의 오래된 건물과 금융 거래소를 보기 위해 많은 관광객이 온다. 건물들을 보고 황소를 보러 갔다. 전에 왔을 때는 자유롭게 만지고 사진을 찍을 수 있었는데 이번에 줄이 길게 서 있다. 그곳을 지나쳐 근처 전쟁 기념관 앞으로 가니 자유의 여인상 모습으로 분장한 사람이 지나가는 사람에게 사진을 찍자고 하고서 돈을 달라고 한다. 주변 강가 공원에 한국 참전용사 기념비도 소규모로 세워져 있다.

    손녀 골프레슨 갈 때 브루클린 다리를 지나다 위를 보면 많은 관광객이 걷고 있는 모습이 보인다. 딸은 석양에 공원에 가자고 하더니 말없이 큰 도로를 직진한다. 시청이 중앙에 세워져 길이 우회전 좌회전하는데 우리는 우회전을 하고 다리에 도착했다. 예전에는 사람이 많지 않았는데 지금은 관광객이 많아졌다. 시청 건물은 지은 지 100년이 넘었는데 쑥돌로 아주 단단해 보이고 고층이면서 예쁘고 고풍스럽고 웅장하다. 집에서 이렇게 가까운 줄 알았다면 나 혼자도 올 수 있었는데, 마음을 헤아려주는 딸이 고마웠다. 브루클린 다리 위에서 장사하는 사람도 많았다. 걷는 사람들이 너무 많아서 겹친다. 코로나로 마음을 졸이며 그 틈새를 삐져나와 맨해튼을 바라보니 또 다른 야경이 신기한 도시로 보인다. 또 서쪽에서 북쪽 허드슨 강을 따라 오래전에 버려진 상업용 철도는 산책로로 만들어졌는데 예전에 딸과 둘이 걸었었다. 지금은 서쪽 끝까지 예쁘게 만들어 관광객이 더 붐빈다.

유명한 센트럴파크 공원에 처음 갔을 때 잔디에 반했다. 공원 의자에 기능자 이름이 새겨져 있다. 기부문화가 다양해서 좋아 보였다.

2003년에 '말' 마차를 타고 공원을 도는데 말에서 어찌나 냄새가 나는지 고역이었다. 이번에는 공원 주변 거리에 동남아에서 볼 수 있는 자전거 마차가 다니는데 신기했다. 관광객을 위해서 지역주민들이 생활할 수 있게 허락했다고 한다. 또 코로나19로 안에서 장사할 수 없으니 밖에서 할 수 있도록 도로 한 차선을 막고 식탁과 의자를 놓아 장사할 수 있게 했다. 복잡한 도로인데 신고만 하면 영업할 수 있도록 한 정부나 불평 없는 지역 주민이 대단해 보였다.

6월에 와서 연주회와 졸업식을 보고 다운타운 근처를 혼자서 다니기도 했다. 큰딸이 시간 있을 때면 관광지 또는 집에서 가까운 브룩필드 윈터가든에 자주 간다. 그 앞 야외광장 식당은 불빛이 매우 화려하고, 저녁이면 많은 사람이 붐빈다. 수다 떠는 여행자들을 보면서 딸과 둘만의 시간 속에서 걷고 있다.

2022. 12.

세 사돈

자녀가 셋이다 보니 또 다른 가족과 인연을 맺게 되었다. 큰딸 시부모님은 교포로 뉴욕에서 살고, 일본 사람인 아들 처가는 동경에서 살고 있다. 작은딸 사돈은 서울에서 살고 있는 한국 사람이다.

둘째 딸은 유학을 뉴욕으로 가서 석사 졸업하고 1년을 더 머물고 있을 때 한국에서 초청연주가 있어서 들어왔다. 연주가 끝난 다음 돌아가지 않고 한국에 남아서 학교에 출강하게 되고 가끔 나의 말동무 되어주는 딸이다. 그런 딸이 나이 들어 동갑내기 남자를 소개한다. 신랑감 하고 이야기해 보니 예의가 바르고 성실하고 능력이 있게 보여서 결혼시켰다. 가까이서 나를 잘 챙겨주고 여행도 자주 같이 다닌다. 참 고마운 사위다. 나 혼자이기에 신랑 부모님이 젊어서인지 이해를 해주는 것 같아 고마움 마음이다. 아들 하나에 선한 분으로 보이고, 사돈분이 나보다 더 젊고 천성이 좋은 분으로 보여서 내가 사돈 복이 있나 가끔 나도 모르게 미소가 지어진다. 더구나 명절이 돌아오면 나는 옛날 사람이라 시댁으로 보내려고 하는데 혼자 지내게 된다고 나에게 먼저 와서 지내고 다음 날에 간다. 좋으면서도 사돈분한테 미안한 생각이 드는데 사돈분이 젊어서 그런지 배려하는 마음이 곱다. 사돈분이 좋아서인지 하룻밤이라도 자고 오려고 하는 딸이 어미로서 안심이 되고 예쁘게 보였다.

아들이 캐나다에서 대학교 다니면서 교환학생으로 온 일본 여학생을 만났다. 교육 기간 동안 알고 지냈는데 여학생은 교육이 끝나고 일본으로 갔다. 그러다 아들이 군대 갈 무렵 여자 친구는 한국에 와서 그이가 다녔던 고려대학교에서 한국어 과정 2년을 마치고 최고 급수를 받았다. 그래서인지 한국말을 곧 잘하고 글도 잘 쓴다.

결혼식을 한국 전통 혼례로 했다. 결혼식 참석 인원을 일본에서 20명이 오니 우리도 20명을 초대하자고 하는 아들. 우리는 사촌이나 이종사촌만 불러도 50여 명이 되어서 50명을 초대하자고 했다. 일본에서도 50여 명이 참석했다. 신부 부모님이 턱시도와 양장을 입고 화사한 모습으로 나타난다. 사돈이 배려해주는 마음이 고마웠다.

아들 며느리가 토론토에서 잠깐 동경에 갔을 때(2014년) 우리 부부를 사돈이 초대했다. 후한 대접을 받는데 다음 날

3박 4일 일본 여행을 잘하고 한국에 돌아오는 날 실크로 된 우산을 선물로 받았다. 몇 년이 지났는데 지금도 새 우산처럼 보인다.

그런데 그이가 먼저 먼 나라로 가서 사돈을 초대하지 못해 미안하고 마음이 무겁다. 몇 년 전 토론토에 며느리 부모님이 방문해서 딸과 손자, 손녀를 보고 갔다. 그 뒤 코로나가 끝나고 작년에 며느리가 남매를 데리고 일본 친정에서 2개월 지내다 와서 마음이 좀 가볍다.

뉴욕에서 큰딸 석사 졸업식(2002년 5월)을 그이와 함께 참석했다. 졸업식 하기 전 남자 친구 부모님을 만났다. 처음 만났음에도 오래 알던 것처럼 남자 두 분이 말을 어찌나 잘 하는지! 남자 아버지는 부산고등학교를 나왔고, 그이는 경남고등학교를 나왔다. 대학 진학률을 서로 자기네 학교가 더 많았다고 농담하는 모습이 즐거워 보였다. 남자 친구를 한국에서 한국은행 근무할 때 소개받았다. 그때는 깡마르고 키가 크고 예민해 보여서 마음이 좀 그랬는데 딸이 유학 갈 무렵 남자 친구도 뉴욕에 있는 투자금융으로 옮겼다. 부모 곁에 있어서인지 몸이 좋아 보였다.

졸업 연주회를(2001년 11월) 나 혼자 보러 뉴욕에 갔을 때 연주회 끝나고 남자 친구 부모가 예약한 식당으로 갔다. 남하고 말을 할 줄 모르는 나는 참 어색한 자리였다. 샤브샤브를 먹고 있는데 내 귀에 '사부인 많이 드세요.'라는 말이 들리지 않은가? 집에 오자마자 딸에게 "어떻게 행동했으면 아버지라는 사람이 처음 본 나에게 '사부인 많이 드세요.'라고 말하니?" 딸은 펄쩍 뛰면서 샤브샤브라고 했는데 엄마가 잘못 들었다고 한다. 화가 난 내 귀에는 들리지 않는다. 남자 친구 좋은 점, 나쁜 점 적어본 다음 결정하기로 해놓고, 더구나 좀 늦게 결혼하기로 했잖아 쏘아붙였다. 딸이 울면서 오해라고 해도 토라진 마음이 어떤 말도 들리지 않았다. 돌아오는 비행기 안에서 참 많이 울었다. 바이올린을 세 살부터 시작해서 유학까지 보냈는데 그 허탈감은 무슨 말로 표현하리! 신랑감이 나빠서가 아니고 옹졸하고 욕심이 많은 어미 마음이 아니었나 싶다. 그 후 오해를 풀고 졸업식에 참석하면서 다시 남자 친구를 보니 똑똑해 보였다. 그 여동생도 로스쿨 나와 변호사다.

딸 졸업 연주 테이프를 한국에 가져와서 교수님께 드렸다. 여대 강사로 추천받았는데 공부를 더 하겠다고 하는 딸, 결국 강사를 포기했다. 남자 친구와 가족이 전문 연주자 과정과 박사학위를 책임지겠다고 했다. 더구나 결혼하기 전 남자 친구가 사랑하는 마음으로 바이올린도 딸에게 사 주었다. 결혼 후 사돈분과 신랑이 그 약속을 지켜서 전문 연주자 과정도 하고 박사학위까지 받았다. 욕심이 많은지 지금도 공부하고 싶다고 하는 딸!

사돈이 지난여름(2023년) 호주, 일본 여행하면서 한국을 방문했는데 그때 나는 토론토에 살고 있는 아들한테 가기 위해 표를 미리 사놓아 바꿀 수 없었다. 잠깐이라도 같이 시간을 보냈으면 좋은 추억이 되었을 텐데 그러지 못해 마음이 불편했다. 요즘은 일하는 직장에 믿을 만한 사람에게 맡기고 가끔 사돈 부부가 여행을 다녀서 보기 좋아 보인다. 한국 사람이기에 미국에 살아도 서로 통하고 딸에게 잘해주니 든든하고 고마운 분이다.

세 가족 사돈보다 내 나이가 많다 보니 상대방이 어려서 더 조심스럽다. 사돈댁 인품이 좋아서 두 딸이나 아들도 안심이 되고 언제나 고마운 마음이다. 세 집안이 건강하게 오래도록 장수했으면 하는 바람이다.

2024.

마음 가는 대로 이루어지기를

저는 하나를 키워도 힘이 드는데 엄마는 우리를 어떻게 키웠어요? 하는 큰딸.

듣고 보니 지난 일들이 스친다. 결혼하기 전 자유롭게 살았던 난 결혼 후 72세까지 교육에만 전념했다. 어떻게 그렇게 생활했나 싶다. 주변에서 얼마나 답답했을까?

그이 성격을 파악한 뒤 아버님께 그이한테 서울에서 잘 버티도록 부탁을 했는데 반대로 힘들면 고향으로 내려오너라, 하셨다. 고향으로 내려가면 더 무능해지는데 애들 교육은 어쩌려고⋯ 답답했다. 월급 외 돈 이야기를 하면 안 되는 사람이다. 은행도 이용할 줄 모르고 남한테 돈을 빌려도 안 된다. 나에겐 버거운 그이였다. 성격을 파악한 뒤 애들 교육은 양보할 수 없었다. 그래서 음악학원을 운영하게 되었다.

딸이 혼자 노력하여 어려운 서울예중에 합격해서 얼마나

기뻤는지! 그런데 기독교 학교라서 어려서부터 머리에 심어 준다고 못 보내게 하지 않은가? 그이가 뭐라고 말하든 나는 딸 편이었다. 초등학교에서 학교를 빛낸 어머니로 초대받아 대우도 받았고, 4학년 때 우연히 서울대 교수님께 테스트를 받고 나서 뒤를 봐줄 테니 서울예중을 권했다. 중학교 다니면서 레슨비를 거의 받지 않으셨다. 그저 감사하는 마음으로 조금 드렸다. 은인이고 고마운 분이며 바이올린도 잘할 수 있었다. 고등학교 때는 교수 개인지도가 금지되어 강사한테 배우게 되었다.

예중을 보내고 보니 국산 악기 때문에 난감했다. 난 용기를 내서 그이한테 거짓말로 가겟세를 더 올려주어야 한다고 은행에서 빌리자고 했다. 겨우 허락을 받아 그이한테 말하지 않고 대출받은 금액 3분의 2로 악기를 샀다. 그이는 2년 후 은행 돈을 갚으면서 악기 산 줄도 모르고 내가 헤프게 쓰는 사람으로 생각했었다.

내 자녀를 잘 가르쳐야 남에게 신뢰를 받지 않나 싶었다. 그래서 오전 8시 30분에 출근하고 오후 5시 30분에 퇴근했다. 또 월요일에서 금요일까지 나는 약속도 잡지 않고 오후에 외출도 하지 않았다. 집과 직장뿐이었다. 그런 나에게 아파트 주민은 딸한테 헛짓한다고 비웃었는데 한 해에 딸 둘이 서울예고와 서울대를 합격하니 보는 시선이 달라졌.

그이에게 주려고 양재동 낚시가게 가서(1983년) 뭐가 좋은

지 혼자 보고 있는데 사장님이나 남자 손님 몇 분이 부러워하던 표정이 뇌리에 스친다. 세트를 사서 그이에게 안겨주었다. 어찌나 좋아하는지! 주말이면 낚시하러 다니니 내 마음이 홀가분했다. 분위기를 참 좋아하는 그이, 생일이나 결혼기념일을 나는 잊고 있는데 매번 그이가 챙겨서 미안했었다. 지금 생각해 보면 애들밖에 모르는 재미없는 나였다. 그이한테 좀 미안한 생각이 들었다. 하지만 막내를 유학 보낸 뒤 주말이나 해외여행도 가끔 다녔다. 군대 제대해서 나오더니 이제는 우리한테 신경 그만 쓰고 아빠한테 신경 쓰세요, 하는 아들! 그러고 보니 여름방학 때 아들이 자기 몸은 생각지 않고 오직 애들한테 다 맞춘다. 몸이 깡마른 아들을 보니 마음이 아픈 건 어미 마음인지!

  애들 도시락 싸 줄 때 구세주는 양재 하나로 마트였다. 24시간 운영하므로 밤 12시경에 시장에 다녀온다. 그 시간이 나만의 시간이라 참 좋았다. 아무리 바빠도 간식이나 반찬은 내가 만들어 주었다. 그러니 언제나 잠이 부족하고 입 안은 일 년 내내 헐어서 힘들었다. 하나를 키우는 데도 반찬을 만들 시간이 없다면서 엄마는 어떻게 했느냐며 신기해하는 큰딸, 그 시절에는 그렇게밖에 할 수 없었고 그렇게 해야만 될 것 같았다. 그런 나를 보고 그이는 나이 들어 애들이 당신한테 효도할 거라는 말을 가끔 했었다. 그이 말대로 현재 애들이 나에게 잘한다. 내 생활을 너무 잘 알고 있는 큰

딸, 힘들 때면 가끔 나에게 이야기한다. 나는 집안에서 할 수 있는 악기를 가르쳤지만, 손녀는 골프를 배우더니 잘하게 되고 매번 시합에 나가게 된다. 시합에 나가면 짐이 얼마나 많은지 세탁해서 그 짐을 정리하는 걸 보면 힘들어 보였다. 내가 애들한테 했던 지난 일은 잊고 딸이 고생하는 모습이 보여서 걱정하면 "엄마는 더 하셨잖아요. 엄마 그래도 못 하는 것보다는 낫잖아요." 한다. 손녀가 수영이나 바이올린도 한다. 힘드니까 그만하자고 하는 데도 꼭 해야겠다고 한다. 학교에 시설이 좋아서 하고 싶은지! 공부뿐 아니라 모든 면을 잘 해야 하니 참 어려운 것 같다. 골프 시합마다 나가니 너희가 힘들겠다, 했더니 나가고 싶어도 아무나 못 나가요, 자격이 있어야 나간다고 한다. 그러니 사위가 직접 따라다니며 자기 일은 줌(Zoom)으로 한다. 가끔 딸이 같이 가지만 주로 사위 혼자 다닌다. 시합에서 성적이 좋으면 기분 좋아하는데 손녀, 사위, 딸은 힘들어 보였다.

  아마추어로 하고 싶다는 손녀, 뜨거운 햇볕에 까맣게 탄 모습을 보면서 딸 하나이기에 좋으면서도 딸 부부는 손녀를 보고 안쓰러워한다. 언제나 밝은 미소 지으며 말하는 손녀, 손녀의 마음 가는 대로 이루어지기를….

| 이근자의 수필세계 |

사랑과 인내를
생활 신조로 하는 작가

오경자
(수필가, 문학평론가)

  자신의 체험을 아주 쉽게 이야기하듯 써 내려가는 수필은 어떤 기교나 꾸밈이 없어 독자들을 편안하게 하면서 공감을 불러일으키는 매력을 지니고 있다. 마치 내 일인 양 빠져들어 함께 웃고 울 수 있다면 그야말로 수작일 것이다. 만들어 내는 이야기는 정교할수록 마음이 끌려 들어갈지 모르지만 한 사람의 삶을 그대로 드러내는 수필은 담박하고 간결할수록 독자의 마음을 사로잡는다.
  우리의 삶을 크게 나누면 몇 가지 큰 부류를 이루겠지만 아주 작게 나누면 셀 수 없이 많은 부류가 될 수도 있을 것이다. 수필가 이근자는 자신의 가족과 일터에 대한 글감들을 중심으로 독자를 만나고 있다. 요즘 교육 현장의 현실이 매우 가슴 아픈 일들이 자주 일어나서 걱정이 많은데, 이 수필집에서 만나는 선생님 이근자의 모습 속에서 우리는 희망을 노래할 수 있는 작은 행복을 느끼게 된다.

음악학원을 운영하면서 아이들을 지도하는 이근자 선생님은 음악이라는 한 전문 분야의 실력 향상만을 지도하는 전문학원 강사의 모습이 아니라 학교 교육의 일선에 섰던 교육자의 참모습 그대로이다. 그가 처한 상황이 다양해서 일부러 문제들을 찾아서 맞춰 놓았나 할 정도다. 그의 수필은 우리에게 여러 면에서 많은 것을 생각하게 하고 교육의 깊은 의미를 함께 생각하게 하는 성찰의 글이다. 그런 성취의 글들을 엮어나가면서 수필가 이근자는 전혀 자랑하거나 자신의 우수함을 내세우지 않아 수필의 덕목에 왜 겸손이 있는지 무언으로 설명하고 있다.

그의 교육 철학은 인내와 사랑이다. 이 두 가지 정신이 수필 전체에 스며져 있는데 은은한 향취로 뿜어져 나올 뿐 어느 곳에서도 직접적으로 표현하지 않고 있는 것이 이근자 수필 세계의 특징 중 하나이다. 그가 학생들을 이렇게 진정한 사랑으로 대하며 잘 지도해 나갈 수 있는 비결은 결과에 대한 확신과 음악에 대한 열정이다. 그런 것들을 지나치게 호들갑을 떨거나 지도의 어려움을 토로함 없이 잔잔한 필치로 그려나간다. 그의 수필은 성취를 노래하되 수선스럽지 않고 품격 있는 작품으로 탄생시키는 비결이 거기 숨어 있는 것이다.

그 자신이 음악을 하게 된 동기가 우연한 것이고 열망에

의한 것이어서 학생들에게도 누구나에게 모두 가능성이 열려 있다고 확신한다. 그런 긍정적 사고가 자신감 있는 지도에 나설 수 있듯이 그의 수필도 전혀 서둘지 않고 교육 현장에서 일어나는 현상들을 그대로 담담히 적어 내려감으로써 더 깊은 울림을 주는 수필을 빚어내게 하고 있다. 그것들을 떠받치고 있는 것은 교사로서의 사랑과 인내심이다. 그의 온유한 성격처럼 한 편의 수필을 써 나가는 과정에서도 그는 있는 그대로 소곤거리듯 이야기를 전해 나갈 뿐이다. 그 속에 특별한 구성도 없는 듯하지만 절제된 구성이 자리하고 있음을 발견할 수 있다. 그래서 산만하지 않다.

수필은 문장이 간결할수록 좋다. 이야기의 전개는 담박하면 더욱 좋다. 이근자의 수필은 그 두 가지 덕목을 고루 갖추고 있다 할 수 있다. 작가 자신의 생각과 삶이 소박하고 솔직하니 수필의 주요 덕목이 자연스레 그의 글에서 빛을 발하고 있는 것이다. 이근자의 수필은 긍정을 노래한다. 어느 상황에서도 그에 따라 진행해 나가는 적응의 태도는 독자를 숙연하게 만들 정도의 교육적 효과를 지니고 있다. 난관에 봉착하면 당황하기보다 차선을 찾는 지혜를 독자에게 자연스럽게 전달하는 수필들을 읽으면서 문학의 또 다른 역할에 고개 숙이지 않을 수 없다.

글은 곧 사람이라는 말이 있다. 특히 수필은 더욱 그렇다. 자신의 체험 중에서 글감을 찾아 있는 그대로의 체험을 바탕으로 쓰는 글이다 보니 그야말로 작가를 그대로 담아낸다 할 수 있다. 음악을 사랑하고 학생들을 사랑과 인내로 보듬어 안는 교육자의 참모습을 만날 수 있는 작품이 전권의 3분의 1쯤을 차지하는 수필집이다.

교육에서 바쁜 아빠가 잘 참여하기 힘든데 「아빠에게 상을」이라는 수필에서 우리는 아빠의 교육열과 사랑에 가슴 따뜻해 짐을 느끼며 인내로 이루어내는 교육자의 길을 존경으로 마주하게 된다.

보통 산만한 애들 지도할 때 첫째, 학생 눈동자를 보면 알 수 있고 둘째, 비교하지 않고 셋째, 학생과 말을 할 때는 눈을 마주 보고 넷째, 길게 말을 하지 않고 다섯째, 단계별로 짤막하게 말하고 여섯째, 일대일로 대화를 나누고 일곱째, 기다린다.

경험으로 보아 길게는 6개월 정도, 보통 어린이나 학생들은 보다 J 어린이는 시간이 더 걸릴 것 같았다. J 학생은 호기심이 많고 머리가 비상하다. 말을 잘하고 선생님께 따진다. 그뿐만이 아니다. 어린 여자아이들을 괴롭히고 다치게 해서 병원 가는 날도 다반사, 아주 산만한 어린이였다.

내가 힘들다고 학생을 그만두게 할 수 없었다. 변화를 지켜보면서 혹시나 하고 1학년 5월 첼로를 안겨 주었더니 20분을 의자에 앉아 있지 않은가. 3권까지는 20분 수업이다. (중략) 다음 날 아빠한테 전화가 왔다. 5권을 하기로 했다면서 죄송하다고 말하는 아빠. 보통 아빠 같으면 그만두었을 텐데 어려운 고비를 또 넘기게 됐다. 초등학교 때 방학하면 점심시간을 직장에서 동료들과 하지 않고, 나와서 아들과 점심을 먹고 직장으로 돌아가는 아빠. J 학생은 워낙 산만한 학생이라 학교에서도 유명했다. 학교에서 문제 있으면 해결하는 아빠, 본사에서 계속 근무할 수 있었는지 중학교 졸업하고 고등학교 때 진급해서 지방으로 갔었다. 참 대단한 아빠였다.

- 「아빠에게 상을」 중에서

학원 운영자가 인성교육에까지 관심을 갖고 대하는 것은 교사였기에 가능한 일이라고 생각한다. 마치 어머니의 마음같이 잔잔하게 지도하던 모습을 진솔하게 그려낸 장면은 매우 인상적이다.

숙의는 사납게 말을 해서 상대방의 기분을 나쁘게 하지만 약자를 괴롭히지는 않았다. 학원에 오면 문을 부서지도록 꽝 닫는 버릇이 있어서 타일렀더니 고쳐졌다. 집에서 하는 버릇이 달라졌는지 엄마는 나한테 와서 외동딸이라고 부탁했다.

거칠게 말을 하고 행동할 때 지난번처럼 내 방으로 들어오게 했다. 그리고 하는 행동을 그대로 보여주었다. 또 도우미 아주머니에 대해 스스로 판단할 수 있게 설명해 주었다. 처음에는 웃더니 시무룩한 표정이다. "어때 선생님 하는 행동이 보기 좋아요?" 보기 싫다고 하는 숙의! "그럼 어떻게 하면 좋을까?" 눈을 깜박거리며 쑥스러운 듯 머뭇거리더니 고개를 숙인다. 그때 귀에 대고 귓속말을 듣더니 방긋 웃는다. 형제가 없어서인지 좋아하는 숙의, 그리고 몇 개월이 지났다.

그 후 예의가 바른 학생이라고 칭찬받기도 하고 또 학교에서도 좋은 모습으로 달라졌다고 한다.

5학년 말 숙의는 신도시 분당으로 이사를 하면서 나를 찾아와 아쉬워하며 인사하고 떠난 뒤 소식이 없었다.

몇 년이 흘렀을까? 숙녀가 찾아왔다. 예쁜 숙녀를 알아보지 못하니 5학년 때 분당으로 이사한 숙의라고 한다.

처음 지도했던 학생이어서 궁금했다. 그런데 여기서 6년 동안 배운 실력으로 전공을 선택하는 데 큰 도움이 되었다고 말하는 숙의, 보육학을 전공하여 어린애들 가르치겠다고 한다. 대견스러웠다. 자랄 때는 꾸러기였는데 잘 자라서 하고 싶은 길을 가는 걸 보니 마음이 뿌듯했다.

- 「어린 꾸러기」 중에서

수필의 글감으로 가족을 **빼놓을** 수 없다. 이근자 역시 가족에 대한 사랑이 넘치고 여러 자매가 자라서 그 정 또한 돈독하기 이를 데 없다. 그의 작품 「회혼례」는 맏언니의 회혼례를 통해 진솔하게 가족사랑을 그려낸 작품이다. 회고를 통해 가족의 단란한 모습을 잘 그려낸 작품이다. 여러 자매의 스스럼없이 지내는 모습과 사위와 장모님의 묘사들이 담담하고 정이 뚝뚝 흐른다.

장모님 보고 결혼했다는 다른 형부들도 어머니께 잘했는데, 자상하신 셋째 형부는 해외 출장을 가면 어머니한테 엽서나 편지를 써서 우편으로 보내주고 시골집에 오시면 부엌 문을 열고 어머니께 말씀하시는 참 다정다감하신 분이다.

정년퇴임 후 중앙 연수원에 일본어 교수로 강의도 하셨다. 성품이 조금 느리고 긍정적이어서 건강하신지, 바둑과 책을 보시며 여유 있는 시간을 보내고 계신다.

모든 고비를 잘 보내고 두 분 다 건강하다. 또 3남매 자녀도 잘 자랐다. 내년에 60회 회혼례를 축하할 일만 남았다. 건강을 유지해서 10년 후 70주년 '금강석혼식'에도 볼 수 있기를 기대해 본다.

─「회혼례」중에서

어머니에 대한 애틋한 정은 숨겨서 표현한 작품이다.

캐나다에 살고 있는 아들 집에 가서 3대가 만나 함께 보내는 시간들을 감동적으로 그려낸 수필들이 자식 사랑을 가감 없이 잘 표현하고 있다. 작가는 딸도 손녀도 미국에 살아서 자녀들을 만나러 그곳에 갈 때가 많다. 그 여행길에서 먼저 떠난 남편을 그리워하고 진한 부부애를 잘 누르고 은은하게 담아내는 절제력을 갖고 있다. 수필의 문장이 은유적이면서 절제의 미를 갖추어야 하는데 그런 덕목을 매우 잘 살려내는 수필을 짓고 있는 작가이다.

아들에게 가서는 넓은 나라 캐나다의 빼어난 경관을 기차 여행으로 즐기는 호사를 누리는데 그 장면들을 그림처럼 독자에게 실어나른다. 기막힌 모레인 호수를 두 번 보게 되는 행운의 이야기, 말로 다 표현하기 힘들다는 고백으로 대신하는 루이스 호수의 소개 등은 담담한 표현으로 해서 한층 빛을 발하고 있다. 그런 경관 속에 점점이 드러내는 모자의 깊은 사랑은 가슴을 묵직하게 누르는 묘미가 있다.

'모레인 호수'를 보고 주차장으로 가서 차를 가지고 '루이스 호수'에 가기로 했다. 여유 있게 곤돌라를 타기 위해서다. 셔틀버스에서 내려 주차장 자동차 앞으로 갔다. 호주머니에 있어야 할 자동차 열쇠가 없어졌다. "어떡하지." 하는 아들, 호숫가에서 반소매로 바꿔 입을 때 떨어뜨렸나 하고 다시 셔틀버스를 타고 호수로 갔다. 많이 놀랐을 텐데 놀란 표정을 짓지 않는다. 딸은 나에게 부탁한다. 동생이 더 당황하니 놀라지 마시고 표정 관리해 주세요, 한다. 딸의 말에 미소가 지어진다. 누가 주워서 나뭇가지에 걸쳐놓았나 싶어 나뭇가지를 보았으나 없었다. 아들은 잠시 생각하더니 "엄마는 앉아서 호수 더 보고 계세요." 하고서 누나와 한 번 더 가 보겠다고 한다. 한참 있다 숨이 찬 목소리로 "엄마 찾았어요. 호수 옆 나뭇가지에 걸려 있었어요." 한다. 얼마나 반가운지! 아무렇지 않게 말했지만 참 많이 놀랐다. 만약에 잊어버렸다면 대형사고인데…. 그런데 어디를 가나 도움을 받는다. 그래서 나쁜 일은 없을 거라고 믿음도 있었다. 열쇠로 인해 아름다운 '모레인 호수'를 두 번을 볼 수 있었다. 호수를 더 볼 수 있었으니 감사한 마음으로…

— 「모레인 호수」 중에서

작가는 할머니와 어머니를 회고하며 자신의 젊은 날을 돌아보고 자신에게 해 주신 할머니와 어머니의 은혜를 생각하며 자신은 어떤 어머니와 할머니가 될까를 생각한다. 성찰을 잘 그려낸 작품이다.

    나는 할머니 계실 때 교직 생활을 1967년 구례에서 시작했다. 교사 생활을 못 견디고 올 줄 알았던 할머니와 어머니는 잘하고 있는 나를 보시고 신기해하셨다. 할머니 좋아하시는 소주와 간식이 떨어지지 않게 사 드리는데도 할머니 술 떨어졌어요? 하면 "네가 언제 술 사주었어." 하시며 웃으신 할머니, 그렇게 농으로 말씀하신 할머니가 좋았다.
    1970년 모교로 전근해 와서 사고 싶은 피아노도 사고, 배우고 있는 플루트를 계속할 수 있어서 좋았고, 방학이면 여행 다닐 수 있어서 좋았다. 내가 맡은 반 어려운 학생들을 도와줄 수 있어서 좋았고, 내가 하고 싶은 일을 할 수 있게 해 주신 할머니와 어머니께 감사한 마음이었다. 감사한 마음으로 열심히 살아온 나는 내 자녀에게 어떤 할머니와 어머니의 얼굴로 기억되려나!
    방학할 무렵이면 나를 기다리는 할머니, 어머니의 주름진 얼굴이 아련하게 떠오르며 그리워진다.
                                - 「그리워하며」 중에서

먼저 떠난 남편을 그리워하는 것도 작가는 지나칠 정도의 은유에 감춘다.

    뉴욕에 가면서 그이한테 다녀왔는데 귀국 후 시차 적응하고 나니 자랑도 하고 또 그이를 약 올려 주고 싶었다. 초대받아 교문에 들어가는 순간 손녀 학교 규모에 놀라웠다. 좋아서 함박웃음 짓는 친할아버지를 보면서 그이 생각이 많이 났다. 와서 보았으면 참 좋아했을 텐데 아쉬움이 나의 가슴을 아프게 했다. 첫 손녀라 유난히 예뻐했다. 조금만 참고 견디었으면 좋았을 걸 나아지는 과정인데 굴복을 당하고 살기를 포기했으니, 누가 뭐라 할 수도 없다. 그저 허망하고 어이없을 뿐…. 그런 그이에게 크루즈여행이 정말 좋았고 즐겁게 잘 다녀왔다고 자랑하고 싶었다.
- 「그이를 만나러 가다」 중에서

미국의 외손녀가 영재학교에 들어가 그 학교에 할머니로서 초대받아 갔다가 귀국해서 남편에게 성묘를 가면서 그려낸 상념이다. 잔잔한 그리움이 오히려 가슴을 아리게 하는 작품이다.

어머니는 아무리 늙어서 떠나도 아쉽고 서럽다. 이근자 수필가도 어머니가 떠나시던 날을 회고하며 잔잔한 슬픔에 젖는다. 꿈에 증조할아버지가 오셨다며 떠나간 어머니가 막내딸 가슴에는 언제나 한이요 설움이다.

양아들, 사위 여섯, 손자 9명과 손녀 10명 중 손녀사위 6명이 장례식에 참석했다. 마지막 가시는 길 어머니 관은 손자, 손녀사위들이 모시고 안방에서 동네 안쪽에 준비해놓은 꽃상여에 안치되었다. 어머니 살아생전 말씀이 "선산 아버지 곁에는 몇 년 흐른 뒤 이장하고 처음에는 내가 원하는 곳에 묻어다오." 하셨다. 꽃상여 앞에서 소리꾼 따라 행렬이 이어지고 우렁찬 소리와 스님의 목탁 소리로 동네 앞을 지나 집 뒤 원하신 장소에 모셨다.

다음 날 오전에 눈이 펑펑 쏟아졌다. 어머니가 빨리 가라는 신호라 생각하고 우리는 바삐 준비해서 8킬로쯤 갔을 때 눈발은 약해지면서 눈이 그친다.

"증조할아버지 오셨다. 아버지 오셨다." 눈으로 목격하고, 사소하게 일어난 일들이 우연인지 모르겠으나 '가는 길이 달라서인지' 무서웠고 거짓말 같던 TV 프로그램 전설의 고향을 믿을 수 있었다.

- 「증조할아버지가 오셨다」 중에서

꿈에 증조할아버지가 오셨다는 어머니의 말씀이 걸렸지만 그렇게 빨리 가실 줄은 몰랐다는 표현에서 우리는 인지상정이라는 말을 떠올리는 일밖에 아무것도 할 수 없음에 동감한다. 그리고 그 상여길에 동참하고 있는 자신을 발견한다. 진솔한 표현이 눈길을 끈다.

인연이라는 것의 오묘함을 느낌과 동시에 옛날 사진 한 장을 보는 것 같은 수필이다. 어른들이 자기늘끼리 자리를 마련해 놓고 도둑 선을 보이게 만들었다. 그리고는 일사천리로 진행하면서 도리질을 치는 딸에게 뭐가 맘에 안드냐고 종주먹을 대는 광경은 정말 빛바랜 사진 한 장이다. 그런데 왜 웃음이 나면서 마음이 이토록 푸근한지 모르겠다. 자신들의 젊은 날 풍경 한 토막을 보는 것 같은 대리만족이려나? 아무튼 재미있는 유머 수필이기도 하다. 그런데 해프닝으로 끝나지 않고 한평생 좋은 배필로 잘 살았다. 그 이야기를 그야말로 한 폭의 그림으로 곱게 수 놓은 솜씨가 대단하다. 과감한 생략과 응축이 놀랍다. 그러면서도 부부애를 잘 나타낸 작품이다.

    병문안 가는데 자꾸 화장도 하고 옷도 신경 써서 입으라고 하는 형부. 원래 잘 입고 다니는데 이상하시네, 생각하며 병실로 갔다. 언니는 멀쩡해 보였다. 맹장 수술했다는데 아주 얼굴색이 좋았다. 나를 왜 오라고 했지! 생각하고 있는데 병실 문이 열리며 큰 형부 큰언니가 들어오더니 뒤따라 둘째 형부 둘째 언니가 들어온다. 당황해서 서 있는데 다시 병실 문이 열리더니 흰 가운 입은 남자와 정장 입은 신사, 단아한 여자가 들어온다. 삼 남매였다. 이건 또 뭐지 하는 순간 흰 가운 입은 남자에게 여기는 큰 처형이고 여기는 둘째 처형 하고 소개를 하고 있지 않은가? 소개 한마디 없이 굳은 표정으로 멍하니 서 있는 나에게 데이트하라니 어이없었지만 우선 이곳에서 탈출이 필요했다. 일단 밖으로 나왔다. 봄바람이 분다. (중략)

    마지막으로 신랑 되는 사람한테 결혼할 수 없다고 말했으나 "그냥 합시다." 이 사람도 말이 안 통했다. 내 편은 한 명도 없었다. 언니들도 선보고 결혼했는데 잘살고 있다. 그래서 체념하고 결국 결혼을 했다. 단둘이 있으면 어찌 그리 어색한지! 일 년 후 딸아이가 태어나니 "하나만 잘 키웁시다." 하는 그이. 어쩌다 둘째 딸이 태어났다. 딸 둘만 잘 키우자고 했다. 그런데 사위한테 아들이 필요하다고 보낸 친정어머니의 편지를 읽고서 할 수 없다며 셋째를 낳았는데 다행히 아들이다. 어머니 말대로 아들을 낳았다. 형제가 많아서 아들이 필요 없다던 그이는 시댁 갈 때마다 앞세우고 간다. 머쓱해 하면서 있으니까 데리고 간다고 변명을 한다. 아들이 있어서 떳떳한지 당당해 보였다. 시댁은 형제들이 집집마다 아들만 있고 우리 집만 딸이 있다.

- 「뭐가 맘에 안 드는데」 중에서

수필에 있어 역지사지가 없으면 아무리 좋은 글이라도 감동이 반감되기 마련이다. 이근자 수필가는 매사에 역지사지가 생활 철학이 되다시피 한 작가이다. 차와 함께 하는 날에서 그는 자기 차가 망가지고서도 상대방 차 걱정을 하는 심성의 소유자이다. 그 심정을 아주 솔직하게 잘 담아내고 있다. 이웃 사랑의 표본이라 할 만하다. 이런 것이 그의 수필을 사랑하게 만든다.

교통사고가 상대 없이 혼자 재주 부려서 자동차만 망가졌다면서 경찰이 이리저리 보더니 "저 밑으로 떨어졌으면 어떻게 되겠어요. 아줌마 대운이네. 차 걱정 말고 그냥 가세요." 경찰 말을 듣고서 놀란 가슴이 조금은 안정이 되었다. "그냥 가도 되나요?" "보험사에서 전화할 겁니다." 일주일 후 보험으로 처리하고 차는 깨끗하게 잘 나왔다. 운전하고 보니 나쁜 사람보다 좋은 사람이 더 많음을 알게 되었다. 그해 큰딸도 S대에 합격했다. 내 액운인지 1년 동안 정신없이 자동차로 많은 일을 겪었다. 내 잘못보다 상대방이 잘못했는데 큰 소리내기 싫어서 손해를 보았지만 처리하다 보니 좋은 일이 배가 될 때도 있었다. 자동차는 나에게 고마운 존재였다.

- 「차와 함께 하는 날」 중에서

외손녀의 졸업식장에서 남편이 손녀와 함께했던 순간들을 떠올리며 그리운 회상에 젖는 구성은 가족애, 부부애 등을 솔직하고 담담하게 표현해낸 좋은 구성이고 묘사다. 지나치게 천착하지도 않고 너무 진한 슬픔을 불러내지도 않는 조용하고 은근한 사랑의 표현이다.

딸이 힘들게 박사 공부할 때 손녀를 가졌다. 결혼 6년 되던 해다. 좀 더 있다 자녀를 낳으려고 했지만, 생명을 주신 거에 감사한 마음으로 공부하며 힘들게 낳았다. 박사학위 받고 한국 집에 첫 손녀를 데려오니 오랜만에 아기 울음소리가 들린다. 자녀한테 무섭게 대하던 외할아버지는 손녀를 보자마자 앞으로 업고 밖으로 나간다. 그 모습을 보고 가족은 놀라며 저럴 수가!

- 「딸의 딸」 중에서

대가족이 살고 가난하던 시절 형제 자매가 한 집에서 어울려 살던 시절 이야기를 재미있게 담아낸 넓은 의미의 가족애를 다룬 작품이 사돈 친구이다. 어린 시절 학창생활 때 한 집에서 학교 다니던 사돈총각을 노후에 만나서 정담을 나누는 모습을 솔직하고 담담하게 잘 그려낸 작품이 사돈 친구이다. 인간애를 느낄수 있는 작품이고 표현이 솔직하고 자연스러우며 연륜이라는 아름다움을 은유적으로 표현한 수작이다.

    정년퇴임 하신 큰 형부는 재혼하지 않기로 언니와 약속했다면서 78세에 홀로 되어 지금 92세인데도 건강하게 자녀 아파트 옆 동에서 잘 살고 계신다.
    코로나로 한참 뵙지 못했다. 사돈 친구한테 두 번 접종했으니 더 늦기 전에 형부를 찾아뵙자고 했다. 사돈 친구 하는 말이 "나는 삼촌이 아직도 어려워서 전화도 잘 안 하게 되는데, 연락을 주어서 고마워." 몇 번을 이야기한다. (중략)
    바로 길옆에 과수원이 있다. 탐스럽게 보이는 사과가 빨갛게 익어 먹음직스럽게 주렁주렁 달려있다. 그냥 지나가려다 판매하려나 싶어 과수원으로 들어갔다. 과수원 아저씨는 우리를 보자 대뜸 "아직 덜 익었어요. 좀 더 익어야 해요."라고 퉁명스럽게 말을 한다. "아 그래요." 하면서 우리는 일산 백마마을 형부 집으로 길을 재촉한다. 지그시 쳐다보는 사돈 친구의 이마에도 주름이 깊다.

- 「사돈 친구」 중에서

수필이란 자신의 이야기를 가지고 거기에 주제를 정해 자신이 꼭 전하고 싶은 말을 담아내는 글이다. 이근자의 수필은 위에 예를 든 것들 외에 많은 작품들이 인간애를 담고 있다. 그의 수필 세계는 사랑과 인내, 그리고 매사에 역지사지하는 생활 신조가 듬뿍 배어있는, 유익한 삶을 향한 아름다운 춤사위라 할 수 있다. 교사, 딸, 아내, 어머니 그리고 이 사회의 건전한 구성원의 하나로서 그 소임을 착하게 다하고자 애쓰는 그의 모습이 그대로 한 편의 수필에 오롯이 담겨져 있다. 유익을 끼치는 문학의 본령을 아주 충실하게 수행하고 있는 이근자의 수필 세계를 요약하면서 일독을 권하는 바이다.

"연수야, 자식의 거울은 부모야." 엄마가 항상 나에게 하시는 말씀이었는데, 정작 내가 부모가 되기 전까진 그 의미를 다 이해하지 못했던 것 같다. 그리고, 지금은 엄마께 많이 부끄럽다. 엄마보다 배움이 길어 가방끈은 길지만, 엄마보다 훨씬 못한 부모임을 내가 너무 잘 알기 때문이다.

엄마는 어려서부터 지금까지 한 번도 말씀으로 가르치려 하신 적이 없다. 엄마의 행동, 삶으로 우리에게 깨우침을 주신다. 한국에서 학교 다니는 내내 엄마는 항상 우리보다 일찍 일어나셔서 하루의 일과를 시작하고 계셨다. 고등학교 시절에는 3년 내내 새벽에 일어나셔서 우리를 위해 기도하고 계셨는데, 그때는 그게 얼마나 힘든 일인지 몰랐다. 나는 딸내미 하나 도시락 싸는 것도 힘겹고, 딸보다 일찍 일어나서 하는 기도는 딱 작심삼일이었다.

80이 넘으셨는데도 불구하고 엄마의 하루는 시간별로 바쁘게 돌아간다. 엄마의 활동 중 몇 년째 꾸준히 하시는 일들이 있는데, 영어공부, 책 읽기, 글쓰기 그리고 플루트 연습이다. 특히 요즘 플루트에 푹 빠져 계시는데, 심지어 작년에 크루즈 여행 갔을 때도, 올해 동생 부부와 대만 그리고 오사카 여행 가셨을 때도 플루트는 엄마와 함께였다. 연습 또한 전공자 못지않게 열심히 하셔서, 크루즈 여행 때는 같이 간 나도 덩달아

바이올린 연습을 열심히 할 수 있었다. 엄마 옆에 있으면 게으름을 피울 수가 없다.

  또한, 엄마는 뭔가를 한번 시작하시면 포기를 모르신다. 책을 내시는 것 또한, 그 끈기를 보여주시는 한 예라고 생각한다. 아빠가 돌아가시고 한동안 힘들어 하시던 엄마는 평소에 하시지 못했던 것들을 시작하셨다. 그중에서, 특히 글쓰기 수업을 가장 힘들어하시면서도 포기하지 않으시고 꾸준히 쓰셔서 60편이 넘는 글들을 완성하셨다. 엄마의 글은 화려하거나 친절하진 않지만, 진정성과 엄마만의 유머가 돋보인다고 생각한다. 조금은 과장하거나 재미있게 꾸밀 수도 있는 이야기도 너무 정직하게 사실적으로 쓰시는 게 그 또한 엄마 글의 매력이라고 생각한다. 이 책이 엄마에게도 엄마의 삶을 잠시 돌아볼 수 있는 기회라 생각한다. 그리고 읽으시는 모든 분과 우리 가족에게 엄마의 지난 인생의 추억을 공유할 수 있는 기회가 되길 빌어본다.

  "엄마! 첫 책 출판 축하드려요. 그리고, 존경하고 사랑합니다. 저도 부끄럽지 않은 거울이 되도록 열심히 노력할게요!"

- 연수 드림

여정

2025년 4월 5일 초판 인쇄
2025년 4월 10일 초판 발행

지은이 이근자

발행인 강병욱
발행처 도서출판 교음사
편집   수필문학사 편집부

03147 서울 종로구 삼일대로 457 수운회관 1308호
Tel (02) 737-7081, 739-7879(Fax)
e-mail : gyoeum@daum.net
등록 / 제2007-000052호

* 잘못된 책은 바꿔 드립니다. 값 20,000원

ISBN 978-89-7814-132-1 03810

- 이 책 내용의 전부 또는 일부를 재사용하려면 저작권자와 교음사의 동의를
  받아야 합니다. 지은이와의 협의 하에 인지는 생략합니다.